JN203883

会計処理の適切性をめぐる裁判例を見つめ直す

弥永 真生 著

日本公認会計士協会出版局

まえがき

近年、企業が行った会計処理の当否が裁判において争われることが増加しているように思われます。それに呼応して、裁判の結果がマスコミなどで報道され、会計学や監査論の先生方がご論稿でそれらに言及されることもしばしばみられるようになってきました。

しかし、第１審判決は紹介されることがあっても、その後、どのようになったのかが紹介されることは少ないように思われます。また、法律学の視点から、裁判所がなぜそのような結論に至ったと推測する論稿はかなり少ないように思われます。この背景には、会計基準が膨大になり、また、複雑化していることがあるのではないかとも考えられます。そこで、比較的最近の裁判例を紹介し、分析し、やや無謀にも、著者なりの見解を示して（これが、会社法・金融商品取引法の研究者の間での通説とか多数説では必ずしもないことにはご留意いただければ幸いです）、静かに見える水面に一石を投じ、議論のきっかけを提供できないかと考えて、『会計・監査ジャーナル』の２０１７年１月号から２０１８年６月号までに連載させていただいたものをまとめたのが本書です。

通読していただけるとおわかりいただけるように、裁判所は、会計処理の適切さに対しては、かなり謙抑的に判断を示しております。これは、わが国においては、「公正ナル会計慣行」ないし「一般に公正妥当と認められる企業会計の慣行」は、抽象論としては、複数存在しうることが前提とされており、かつ、「慣行」に対して敬意を払う（かりに、その会計「慣行」が情報提供の観点からは不十分であっても、社会において従来受容されてきたのであれば、それを安易には否定しない）

傾向が裁判所にはあることによるものだと思われます。商法や会社法が「慣行」という表現を選択し、かつ、商法・会社法・金融商品取引法が会計処理の方法を具体的には法定せず、しかも、――専門的・技術的な問題については民主主義的統制に服させることが必ずしも適切ではないという発想の下――伝統的に、国会等は企業会計審議会での議論への介入を控え、現在では、民間の主体が会計基準設定を担っていることがこの背景にあると思われます。同時に、わが国の裁判制度においては、当事者主義が採用されており、民事裁判であれば原告と被告が、刑事裁判であれば検察官と被告人・弁護人が、それぞれ、主張立証を行うという仕組みになっています。大ざっぱにいえば、ある会計処理が不適切であると主張する側がその論拠と証拠を示す必要があるので、それに失敗すれば、不適切とは認められないという裁判所の判断がなされることになるわけです。

なお、14についてはその後の動向を把握できず、12はまだ決着がついていませんが、それら以外については顛末を示しています。なお、本書で取り上げた裁判例に関して――会計問題についてはは必ずしも詳細に分析されているものではありませんが――どのような論稿があるかについては、http://www.geocities.jp/academisch/aajournal.htmlをご覧ください。

最後になりましたが、本書の基となった連載と書籍化にあたっていろいろとお世話いただいた日本公認会計士協会出版局および第一法規の編集部の方々に、心よりお礼を申し上げたいと思います。

平成30年6月10日

弥永真生

会計処理の適切性をめぐる裁判例を見つめ直す●目　次

16 ブリヂストン事件

──不動産売却益の認識　192

17 キャッツ事件

──預け金の資産性　207

18 そごう事件

――貸倒引当金と保証損失引当金　225

本書は、日本公認会計士協会機関誌「会計・監査ジャーナル」に2017年1月号から2018年6月号まで連載された記事を書籍化したものです。

1 長銀事件

——複数の「公正ナル会計慣行」

①第1審（東京地判平成14・9・10刑集62巻7号2469頁）
②控訴審（東京高判平成17・6・21刑集62巻7号2643頁）
③上告審（最二小判平成20・7・18刑集62巻7号2101頁）

民事事件
④第1審（東京地判平成17・5・19判時1900号3頁）
⑤控訴審（東京高判平成18・11・29判タ1275号245頁）
⑥上告審（最二小決平成20・7・18（平成19年（オ）第410号、平成19年（受）第462号））

1 事案の概要

株式会社日本長期信用銀行（以下「長銀」という。）の代表取締役であったA、BおよびCが、平成10年3月期において、取立不能と見込まれる貸出金の償却または引当てをしないことにより、当期未処理損失を圧縮した虚偽の財務諸表を含む有価証券報告書を提出し、また、株主に配当すべき剰余金がなかったにもかかわらず、利益配当を行ったかどうか（有価証券報告書虚偽記載および違法配当について、刑事責任および民事責任を負うかどうか）が問題とされた事案である。

ところで、銀行法により与えられた大蔵大臣の銀行に対する監督権限に基づき、大蔵省銀行局長は、昭和57年4月1日付け蔵銀第９０１号通達「普通銀行の業務運営に関する基本事項等について」を発出し、その別紙の第5の「経理関係」の中において、銀行の決算の基準となるべき「決算経理基準」を定めていた。[1]「決算経理基準」の下では、貸付金等の償却または貸倒引当ては、税法上の損金算入が認められる範囲内で行うのが通常であり、また、関連ノンバンクについて、銀行が支援を継続する意思を有する限り、償却または引当てがなされることはなかった。他方、平成9年3月以降、通達によって、金融機関は、その貸付金等につき、自ら設けた基準に基づいて自己査定を行い、必要な償却・引当てを行うべきこと、金融機関が経営支援意思を継続している債務者についても、債務者の業況等について客観的に判断し、今後経営破綻に陥る可能性が大きいと認められる場合には、適切な償却・引当てを行うことが求められることとなった（改正決算経理基準）。

しかし、長銀は、平成10年3月期においても、「関連ノンバンクにかかる自己査定運用規則」を設け、関連ノンバンクについては、経営支援の意思を継続していることを根拠に、破綻懸念債権としての償却・引当てを行わなかった。

2 刑事事件

（1） 第1審判決（東京地判平成14・9・10）

資産査定通達[2]、資産査定Q&A[3]、4号実務指針[4]、9年事務連絡[5]、追加Q&A[6]（併せて、資産査定通達等）策定の目的、位置付け（「中間とりまとめ」の考え方を基礎にし、その内容を明確にしたもの）、周知徹底の状況などに照らすと、「資産査定通達等における資産査定の方法、償却・引当の方法等は、金融機関の貸出金等の償却・引当に関する合理的な基準であると認めることができるだけでなく、改正決算経理基準の内容を補充するものとして商法32条2項にいう「公正なる会計慣行」に当たると解することができる。」早期是正措置制度が有する意義に鑑み、「早期是正措置制度を有効に機能させるために策定された資産査定通達等の趣旨に反する会計処理は許されないと解すべきであって、金融機関の貸出金等の償却・引当に関しては、資産査定通達等が唯一の合理的な基準であったと解される。」そして、「これらの通達や事務連絡、更には実務指針であっても、それらが商法32条2項にいう「公正なる会計慣行」に当たると認められる場合には、同条項を介して金融機関に対し一定の法的義務を課す法規範性を有することは当然であ」ると判示した。

（2）　控訴審判決（東京高判平成17・6・21）

いくぶんか慎重に、「「資産査定通達」及び「9年事務連絡」は、金融検査官等宛てに発せられた検査の基準であり、また、「4号実務指針」は、会計監査法人等が監査をするに当たっての指針であるから、それ自体は法規範性を有するものでないし、これらが、それ自体として直ちに本件当時（平成10年3月期決算時）における「公正なる会計慣行」そのものであるということはできず、これらは、当時の「公正なる会計慣行」が何なのかを推知するための有力な判断資料ともいうべき性格のものと考えられる。」としつつも、「金融検査官は、「資産査定通達」、「9年事務連絡」に従って検査をするものであるし、また、会計監査法人は、「4号実務指針」に沿って監査をすることになるのであり」、「平成10年3月の決算時までに約1年あって周知の期間も確保されているといえる上、本件当時、金融機関においては、従来に比してより透明性の高い明確な資産査定等による会計処理が求められるに至っていたことに照らしても」、「資産査定通達」、「4号実務指針」、「9年事務連絡」（併せて、「資産査定通達等」）に「定める基準から大きく逸脱するような自己査定基準の作成やこれによる自己査定はもはや許されない事態に至っていることは、金融機関の共通の認識になっていたと認められるのである。したがって、「資産査定通達等」の定める基準に基本的に従うことが「公正なる会計慣行」となっていたというべきであ」る。とした。そして、「従前「公正なる会計慣行」として容認されていた税法基準…による会計処理や、関連ノンバンク等についての段階的処理等を容認していた従来の会計処理…はもはや「公正なる会計慣行」に従ったものではなくなった、言い換えると、「資産査定通達等」の示す基準に基本的に従うことが唯一の「公正なる会計慣行」であり、この二つの基準の併存はあり得ないというべきである。そして、このように判断しても、新基準への改正は適正になされていること、新基準の内容は銀行の資産及び損益の状況を明らかにするという目的に照らしても合理的なものであること、基準としても明確なものといえること、平成10年3月期の決算から適用されることが周知されていること、会計慣行の変更に伴う企業会計の継続性の観点からみて問題がないわけではないが…、周知期間が「資産査定通達等」の発出等から約1年（決算経理基準の改正通知からでも約8か月）あり、それだけの期間があれば金融機関としても、対策を講じることができると思われることなどに照らして、金融機関に過酷な結果を招来するとはいえない」とした。

（3） 上告審判決（最二小判平成20・7・18）

「資産査定通達等によって補充される改正後の決算経理基準は、特に関連ノンバンク等に対する貸出金についての資産査定に関しては、新たな基準として直ちに適用するには、明確性に乏しかったと認められる上、本件当時、関連ノンバンク等に対する貸出金についての資産査定に関し、従来のいわゆる税法基準の考え方による処理を排除して厳格に前記改正後の決算経理基準に従うべきことも必ずしも明確であったとはいえず、過渡的な状況にあったといえ、そのような状況のもとでは、これまで『公正ナル会計慣行』として行われていた税法基準の考え方によって関連ノンバンク等に対する貸出金についての資産査定を行うことをもって、これが資産査定通達等の示す方向性から逸脱するものであったとしても、直ちに違法であったということはできない。」

もっとも、古田佑紀裁判官は補足意見において、「長銀の本件決算は、その抱える不良債権の実態と大きくかい離していたものと推認される。このような決算処理は、当時において、それが、直ちに違法とはいえず、また、バブル期以降の様々な問題が集約して現れたものであったとしても、企業の財務状態をできる限り客観的に表すべき企業会計の原則や企業の財務状態の透明性を確保することを目的とする証券取引法における企業会計の開示制度の観点から見れば、大きな問題があったものであることは明らかと思われる。」と述べた。

3 最二小判平成20・7・18の意義

(1) 複数の「公正ナル会計慣行」

「改正後の決算経理基準は、特に関連ノンバンク等に対する貸出金についての資産査定に関しては、新たな基準として直ちに適用するには、明確性に乏しかったと認められる」としていることから、改正決算経理基準はいまだに「公正ナル会計慣行」となっていなかったと理解する余地があるのではないかという指摘もあったが、改正決算経理基準に従うことが例外的に認められるという考え方を、本判決が採用したとみることはやや強引であろう。むしろ、「従来のいわゆる税法基準の考え方による処理を排除して厳格に前記改正後の決算経理基準に従うべきことも必ずしも明確であったとはいえ」ないとしていること、「過渡的な状況にあった」としていることからは、従来のいわゆる税法基準による処理も改正決算経理基準による処理も、この事案においては、「公正ナル会計慣行」であると判断したと評価することが自然であり、本判決より後の裁判例では、このように本判決を理解している。

次章以降で取り上げるものを含む(下級審)裁判例および学説も一貫して、平成17年改正前商法32条2項にいう「公正ナル会計慣行」は複数存在し得るという抽象論を支持しているが、どのような場合に現実に複数の「公正ナル会計慣行」が存在すると考えられるのかの一例を本判決は示したということができそうである。

『商法と企業会計の調整に関する研究会報告書』(平成10年6月16日)では、公開会社(この報告書では、有価証券報告書提出会社という意味で用いられていると推測される）については、企業会計審議会の公表する企業会計の基準が「唯一の」「公正ナル会計慣行」であり得ることが一般的であることが示唆されている一方で、中小会社については複数存在し得ることを（少なくとも暗黙の）前提としている。金融庁長官が告示で指定した企業会計基準委員会の企業会計基準のみについて、現在の財務諸表等規則1条3項は、「一般に公正妥当と認められる企業会計の基準」に該当するものと規定していることからすれば、日本公認会計士協会の監査・保証実務委員会報告（以前は、監査委員会報告）や業種別監査委員会報告のうち会計処理の原則および手続を定めたもの（「企業会計基準適用指針第24号　会計上の変更及び誤謬の訂正に関する会計基準の適用指針」5項（5）参照）ならびに企業会計基準委員会の企業会計基準適用指針や実務対応報告が規定する会計処理の原則および手続との関係では、有価証券報告書提出会社についても、本判決がいうように、「過渡的に」、複数の「公正ナル会計慣行」が併存すると解される場合があり得るのかもしれないし、ある取引または事象について明文化された基準が存在しない場合にはなおさらである。

（2）　具体的な会計基準から切り離された「真実性の原則」違反の排除

『企業会計原則』の一般原則には、「企業会計は、企業の財政状態及び経営成績に関して、真実な報告を提供するものでなければならない」と規定され、また、たとえば、連合王国では、真実かつ公正な概観を示すために、会計基準から離脱することが求められている。しかし、本判決における古田裁判官の補足意見を踏まえると、我が国の場合、具体的な会計基準を離れて、ある会計処理方法に基づいた情報が会社の財政状態または経営成績の実態を必ずしも十分に表現していないというだけでは、「公正ナル会計慣行」違反とはされないということがうかがえる。これは、刑事事件との関係では、罪刑法定主義の要請に従ったものということができるが、本件においては、民事事件との関係でも、「公正ナル会計慣行」に従わなかったことによる商法違反が否定されており、抽象的な「真実性の原則」は裁判規範としては十分な具体性を有していないという評価がなされているのかもしれない。

(3) 平成17年会社法の下での解釈に対する影響

本判決は、平成17年改正前商法32条2項の解釈に係るものであるが、会社法の立案担当者、学説および下級審裁判例の見解を踏まえる、会社法431条にいう「一般に公正妥当と認められる企業会計の慣行」との関係でも妥当するものと考えてよいであろう。

4 民事事件

(1) 東京地判平成17・5・19

平成17年改正前商法32条2項にいう「会計慣行」とは、「その文言に照らし、民法92条における「事実たる慣習」と同義に解すべきであり、一般的に広く会計上のならわしとして相当の時間繰り返して行われている企業会計の処理に関する具体的な基準あるいは処理方法をいうと解すべきである。言い換えると、企業会計の処理に関する具体的な基準あるいは処理方法が、少なくともわが国の特定の業種に属する企業において広く行われていることが必要であり、また、相当の時間繰り返して行われていることが必要と解すべきである…。そして、当該会計慣行が特定の業種に属する企業において広く行われ、しかも、相当の時間繰り返して行われているという事実があってはじめて、当該会計慣行が「公正なる会計慣行」となり、これによって当該会計慣行とされた会計処理の方法が、法改正等の手続を経ずに、商法32条2項を介して法的な強制力を持ち得ることになる。」という理解を示しつつ、会計基準の「改正内容が「公正」なものであり、改正手続自体が適正なものと認められるのであれば、必ずしもその内容が広く会計上のならわしとして相当の時間繰り返し行われていなかったとしても、唯一の「公正なる会計慣行」に当たると認める余地はある」とした。もっとも、「変更が関係者にとって、いわば不意打ちにならないような手当…がなされない場合には、変更後の処理基準が内容的にみて「公正なる会計慣行」に当たるといえる場合であっても、これが一定時間繰り返し行われることなく直ちに**唯一のもの**とされることはできず、従前の処理基準に従った処理**もまた**「公正なる会計慣行」として存続することになる」と判示した（圏点—引用者）。その上で、「改正が法規によってなされるものでないにもかかわらず銀行の取締役らの民事責任及び刑事責任を生じさせうることからすると、相当の時間繰り返して行われることなくこれを唯一の「公正なる会計慣行」とするためには、改正手続が適正なものであることは当然としても、新たな銀行の貸出金の償却・引当に関する基準が一義的で明確なものであることが必要であり、さらに、当該基準に拘束されることになる関係者（銀行の取締役、公認会計士、税理士等）に対し、これが唯一の規範として拘束性を有するものであることの周知徹底を図ることが必要」であるとした。

（2）東京高判平成18・11・29

平成17年改正前商法32条2項が、「立法手続によらずに企業会計のよるべき基準が変更されることを容認したと解される趣旨に照らせば、会計処理に当たっては企業会計の実務の実際の動向を考慮すべきことを当然の前提としていることは明らか」であるとしつつも、東京地判平成17・5・19と同様、「法が「慣行」という用語を用いている趣旨にかんがみれば、原則として、その会計処理方法が広く会計上の習わしとして相当の期間繰り返して行われていることを要するものというべきであ」るとした。「もっとも、既に「公正なる会計慣行」が存在する場合にあってはその内容を変更する新たな企業会計の基準が直ちに会計慣行となり得る例外的な場合もあると解すべき」であるとした。

その上で、「立法の形式によることなく金融行政の転換を託された新たな慣行が生み出され、その新しい会計慣行が従前の慣行と内容において抵触するようにみえる部分については、新たな慣行がその両立を明らかに許容している場合はともかくとして、これを明らかには許容していない（従前の慣行をその限度で廃止しようとする。）場合に、そうした新たな慣行が従前の慣行を廃止した会計慣行として承認され法規範性を取得するためには、その抵触する従前の慣行に従った会計処理を確定的に廃止し、暫定的限時的にも例外的な取扱いを許容しないことが一義的に明確であることが条件の一つとして必要であるというべきである。そして、そうした新たな慣行に基づく会計処理を行うに当たり、本来基準として整備されるべき内容が不明確であるとか、関係者に対する不意打ちとなることがないようにするための必要な手当に欠けているとか、さらには関係者に対する周知徹底を欠いているなどの事情がある場合には、そのような新たな慣行は、法規範性という点で未だ未熟ないし不完全というべきで、従前の慣行を直ちに廃止し得るほどのものには至っておらず、むしろ暫時新たな基準が実務における実践を通じて慣行としての成熟と定着を成し遂げていくことが期待されているものと受けとめ対処すべきであると解するのが相当であって、結局、従前の慣行に従った会計処理を廃止し例外的な取扱いを許容しないことが一義的に明確であるとは認め難いものといわなければならない。」と判示した。

そして、資産査定通達等によって補充された改正後の決算経理基準が、銀行の不良債権の償却・引当に関する唯一の基準としての「公正なる会計慣行」に当たるとするためには①当該銀行の利害関係人に対し、営業上の財産及び損益の状況を明らかにするという目的に照らして、社会通念上、合理的なものであること、②変更に伴って企業会計の継続性の確保の観点から支障が生じ、ひいては関係者に対する不意打ちになるような場合には、これに対する必要な手当がなされていること、③改正手続が適正なものであること、④新たな基準が新たに法規により企業会計の基準が定められた場合と同程度に一義的で明確なものであること、および、⑤新たな銀行の決算処理に関する基準に拘束されることになる関係者（銀行の取締役、公認会計士、税理士等）に対し、当該基準が広く会計上のならわしとして相当の時間繰り返して行われた場合と同視しうる程度に、これが唯一の規範として拘束性を有するものであることの周知徹底が図られていること」という5要件を満たすことが必要であるとした。

詳細な検討を加えることなく、最二小決平成20・7・18により上告不受理・上告棄却され、この判決が確定した。

（3） 東京高判平成18・11・29の意義

東京高判平成18・11・29は、公正ナル会計慣行が複数存在しうるという一般論を前提としつつ、どのような要件をみたせば、従来の慣行を排除して、新たな会計処理の（法令の形をとらない）ルールが「唯一の」「公正ナル会計慣行」であると認められるかについて要件を示した点で意義を有し、下級審裁判例の中には、これらの要件を踏襲するものもある。5要件のうち、①は「公正ナル会計慣行」であるための要件であるから、②から⑤までが従来の会計処理の原則および手続を排除するための要件であると考えているのであろう。そして、刑事事件についての上記最判平成20・7・18では④および⑤が重要なファクターとして位置付けられている（もっとも、この事案においては、要件の①および③は満たされていると考えられたからであろう）。そうであるとすれば、東京高判平成18・11・29が挙げたもののうち、②が要件となるべきかはともかく、③、④および⑤は、新たな会計処理の（法令の形をとらない）ルールが、従来の慣行を排除して、「唯一の」「公正ナル会計慣行」であると認められるために重要であるということができよう。

注

1 なお、日本公認士会計協会の銀行監査特別委員会が昭和51年に公表した「銀行業務統一経理基準及び財務諸表様式に係る監査上の取扱について」においては、決算経理基準の前身である銀行業統一経理「基準に基づく会計処理は、商法第32条第2項にいう公正な会計慣行に合致しているものとして取扱う」こととされていた。

2 大蔵省大臣官房金融検査部「早期是正措置制度導入後の金融検査における資産査定について」（平成9年3月5日）

3 全国銀行協会連合会『資産査定について』に関するQ&A」（平成9年3月12日）

4 日本公認会計士協会銀行等監査特別委員会報告第4号「銀行等金融機関の資産の自己査定に係る内部統制の検証並びに貸倒償却及び貸倒引当金の監査に関する実務指針」（平成9年4月15日）

5 大蔵省大臣官房金融検査部管理課長「金融機関等の関連ノンバンクに対する貸出金の査定の考え方について」（平成9年4月21日）

6 全国銀行協会連合会「『資産査定について」に関するQ&A』の追加について」（平成9年7月28日）

2 阪急電鉄事件

――継続性の原則

①第1審（大阪地判平成15・10・15金判1178号19頁）
②控訴審（大阪高判平成16・4・27LEX／DB28092880。平成15年（ネ）第3489号）
③上告審（最一小決平成17・8・3 2005WLJPCA08036001。平成16年（オ）第1253号・平成16年（受）第1356号）（上告棄却・上告不受理）

1 事案の概要

鉄道運輸事業および土地建物の売買・賃貸等を目的とする（以下「Z」という。）Z株式会社（証券取引法の下での有価証券報告書提出会社）は、昭和57年頃から鉄道の連続立体交差化事業（本件事業）の工事に着手し、本件事業に係る工事負担金として合計376億円を大阪府より受け入れ、平成13年3月に工事を完了した。そして、Zは、本件事業に係る固定資産を圧縮記帳せず、第163期（平成12年4月1日～平成13年3月31日）に係る損益計算書（本件損益計算書）に、特別利益として工事負担金等受入額約402億円を計上した。他方、Zは、策定した経営改善計画に基づき、関係会社の整理等に伴う損失の負担および減損会計の導入に伴う損失の発生に備えて、特別損失として投資損失引当金繰入額約376億円を計上した。この結果、Zは、第163期について、圧縮記帳による処理をした場合に比べ約147億円多く法人税等を納付することとなった。また、Zは、平成12年12月に中間配当約22億円（本件中間配当）および平成13年中に利益配当約22億円（本件利益配当）を行った。

そこで、Zの株主であるXらが、平成13年3月期当時Zの取締役等であったYらは、平成13年改正前商法285条が準用する同法34条2号または32条2項に違反し、また、善管注意義務および忠実義務に違反して、圧縮記帳をせずに損益計算書を作成したことにより、Zに、本件利益配当額、本件中間配当額および法人税等納付額の合計約92億円の損害を与えたと主張し、Yらに対し、うち50億円をZに賠償するよう求めて、株主代表訴訟を提起した。

2 第1審判決

「企業会計原則は、企業会計の実務の中に慣習として発達したものの中から、一般に公正妥当と認められたところを要約したものとされる。そして、証券取引法の規定により提出される貸借対照表、損益計算書及び利益処分計算書等の用語、様式及び作成方法については、「一般に公正妥当と認められる企業会計の基準」に従わなければならないところ（証券取引法193条、財務諸表等規則1条1項、連結財務諸表の用語、様式及び作成方法に関する規則（以下「連結財務諸表規則」という。）1条1項）、企業会計原則は「一般に公正妥当と認められる企業会計の基準」に該当するものとされる（財務諸表等規則1条2項、連結財務諸表規則1条2項）。

したがって、少なくとも証券取引法の適用がある株式会社においては、企業会計原則に違反しない会計処理をしている以上、特段の事情がない限り、「公正ナル会計慣行」に違反していないものと解するのが相当である。」

「企業会計原則第三の五のDの1項は、「有形固定資産については、その取得原価から減価償却累計額を控除した価額をもつて貸借対照表価額とする。有形固定資産の取得原価には、原則として当該資産の引取費用等の付随費用を含める。現物出資として受入れた固定資産については、出資者に対して交付された株式の発行価額をもつて取得原価とする。」と、同Fは、「贈与その他無償で取得した資産については、公正な評価額をもつて取得原価とする。」とそれぞれ定め、これらに関する企業会計原則注解の24は、「国庫補助金、工事負担金等で取得した資産については、国庫補助金等に相当する金額をその取得原価から控除することができる。」とする。

以上の規定からすると、企業会計原則は、有形固定資産については取得原価から減価償却累計額を控除した価額をもって計上することを原則としつつ、取得原価から国庫補助金、工事負担金等に相当する金額を控除した金額をもって計上すること（圧縮記帳）もできるものとしているのであり、有形固定資産について圧縮記帳をしなければならないと定めているものではないと認められる。以上のように解することは、そもそも、圧縮記帳が、国庫補助金、工事負担金等は本来一種の益金であるが、それを直ちに課税の対象とすると、国庫補助金、工事負担金等を交付した目的を達成することができなくなることから法人税法上政策的に認められた課税繰延べの技術であることからも相当であるといえる。

したがって、圧縮記帳をしていない本件損益計算書を作成した行為も企業会計原則に違反したものとは認められない。そして、その他に本件損益計算書を作成した行為が「公正ナル会計慣行」に違反したものと認めるに足りる特段の事情は認められない。

そうすると、圧縮記帳をせずに本件資産を取得するに際し支払った対価を取得価額として本件損益計算書を作成した行為は、商法２８５条において準用する同法34条2号に違反するものと認められない。」

「Xらは、「公正ナル会計慣行」として認められるのは、〔1〕損益計算書で圧縮損を計上することに代えて、利益処分として圧縮積立金を計上する方法（利益処分方式）と、〔2〕受入工事負担金をいったん前受収益（固定負債）として計上し、対象となる固定資産の耐用年数の期間に案分して利益へと振替える方法（前受収益法）の二つのみであり、これ以外の方法は、「公正ナル会計慣行」ではないと主張し、これに沿う意見書…も存在する。しかしながら、…企業会計原則及び同注解の規定をそのように解することはできない。」

「企業会計原則第一の五は、「企業会計は、その処理の原則及び手続を毎期継続して適用し、みだりにこれを変更してはならない。」と定め（継続性の原則）、企業会計原則注解の3は、「いったん採用した会計処理の原則又は手続は、正当な理由により変更を行う場合を除き、財務諸表を作成する各時期を通じて継続して適用しなければならない。」とする（第3文）。前判示のとおり、少なくとも証券取引法の適用がある株式会社においては、企業会計原則に違反しない会計処理をしている以上、特段の事情がない限り、「公正ナル会計慣行」に違反していないものと解されるのであり、企業会計原則は「公正ナル会計慣行」の一部をなしているといえるから、企業会計原則が継続性の原則を規定している以上、これに違反した場合には「公正ナル会計慣行」に違反したものとされる場合もあり得ると解するのが相当である。

しかしながら、株式会社は、本来、「公正ナル会計慣行」に違反しない限り、複数の会計処理の原則及び手続のうちのいずれかを選択することができること、及び昭和56年の商法改正によって、監査報告書の記載事項に「貸借対照表又ハ損益計算書ノ作成ニ関スル会計方針ノ変更ガ相当ナルヤ否ヤ及其ノ理由」（281条ノ3第2項5号）が加えられたにもかかわらず、継続性の原則が明示的に規定されなかったことなどを考慮すると、「公正ナル会計慣行」に違反しない従来の会計処理の原則及び手続を「公正ナル会計慣行」に違反しない別の会計処理の原則及び手続に変更することそれ自体は、仮に、それが企業会計原則上の継続性の原則に違反する場合であっても、直ちに「公正ナル会計慣行」に違反するものと解すべきではなく、当該変更が利益操作や粉飾決算を意図しているとか、会社の財産及び損益の状況の公正な判断を妨げるおそれがある場合に限り、「公正ナル会計慣行」に違反するものと解するのが相当である。」

3 控訴審判決

第1審判決を一部補正の上、「事実及び理由」の「第4　当裁判所の判断」を引用したほか（つまり、上記2の判示を是認)、以下のように判示した。

「工事負担金の処理は、それを受入れた後、当該工事がなされた時点で収益に計上するのが商法上もっとも自然な方法であり、圧縮記帳による方法から、このように収益に計上する方法に変更することが、継続性の原則に違反するということはできない(なお、従来Zにおいては工事負担金によって取得した固定資産について圧縮記帳する扱いであったところ、…日本公認会計士協会の報告書[1]…が従来の会計処理の〔3〕として、工事案件ごとに選択適用する方法も採られていたとしつつ、これを誤りとしていないこと…等にかんがみると、本件損益計算書等において、本件立体交差化工事に関して受け入れた工事負担金につき圧縮記帳をしなかったことが、直ちに企業会計原則にいう継続性の原則に違反するかどうかも、なお疑問があると考えられる。)。」

4 継続性の原則と平成17年改正前商法

『企業会計原則』が平成17年改正前商法32条2項にいう「公正ナル会計慣行」にあたるのかという問題があるが、第1審判決はそれを肯定し、また、少なくとも証券取引法の適用がある株式会社においては、『企業会計原則』に違反しない会計処理をしている以上、特段の事情がない限り、「公正ナル会計慣行」に違反していないものと解されるとした。たしかに、東京高判平成7・9・28金判980号21頁は、「企業会計原則は、上場企業において適用されることを前提としているが、啓蒙的な学理学説を含むものであって、大企業であっても、必ずしも企業会計原則どおり財務諸表を作成しているわけではない」とし、「企業会計原則には、法的な拘束力はない」と判示していたが、学説上は、『企業会計原則』に従った会計処理を行えば、商法上も一応適法であると解するのが通説であった。[2] そして、『商法と企業会計の調整に関する研究会報告書』（平成10年6月16日）においても、平成17年改正前商法「第32条第2項の「商業帳簿ノ作成ニ関スル規定ノ解釈ニ付テハ公正ナル会計慣行ヲ斟酌スベシ」との斟酌規定の解釈上、『企業会計原則』は、「公正ナル会計慣行」の中心をなすものと解されている」と指摘されていた。

他方、継続性の原則の位置付けについては、議論が分かれていた。たしかに、東京地判昭和49・6・29金判507号42頁は、「従来一貫して流動資産については原価で、固定資産については減価償却後の価額で評価してきたものであるところ、企業がその財産の評価について一定の方法を採用し、これを継続していながら、ある時期において、決算操作や決算粉飾のためにその評価方法を変更することは、たとえそれが法の認める方法であったとしても許されない」と判示し、実質的には、継続性の原則違反は商法違反であるとしていた。

しかし、継続性の原則に違反しても、複数の事業年度の損益を合算すれば、最終的な全体損益には影響を与えないし、適法と認められる会計処理方法であれば、配当可能限度額計算の観点からも問題視する必要がないので、違法であると断ずることには慎重であるべきであるという考え方も可能であるうえ、[3] 平成17年改正前商法281条ノ3第2項5号（貸借対照表又ハ損益計算書ノ作成ニ関スル会計方針ノ変更ガ相当ナルヤ否ヤ及其ノ理由）は同条項4号（貸借対照表又ハ損益計算書ガ法令又ハ定款ニ違反シ会社ノ財産及損益ノ状況ヲ正シク示サザルモノナルトキハ其ノ旨及事由）とは別に定められており、[4] これを反対解釈すると、不相当な会計方針の変更も計算書類を違法なものとするものではないと解する余地もあること、[5]「正当の事由」の内容はあいまいであること、表示の仕方、たとえば、注記によって比較可能性を確保することはできることなどを理由に継続性の原則はいまだ法規範とは認められないとする見解もあった。[6]

このような中で、第1審判決は、東京地判昭和49・6・29をふまえて、会計処理の原則および手続の「変更が利益操作や粉飾決算を意図しているとか、会社の財産及び損益の状況の公正な判断を妨げるおそれがある場合に限り、「公正ナル会計慣行」に違反する」と判示した。これは、利益操作の目的または期間比較を損なう会計方針の変更に限り違法となるという有力説[7]と同趣旨のものと位置付けることができる。

そして、第1審判決の理由づけは、ほぼそのままの形で、東京地判平成17・9・21判タ1205号221頁において踏襲された。

5　継続性の原則と会社法

もっとも、公正な会計処理の方法として認められている複数の会計処理の原則および手続の間であっても、みだりに変更することは会社の財産および損益の状況についての正しい理解を妨げることになるから、継続性の原則も、「公正ナル会計慣行」の1つであると解するのが平成17年商法改正直前には有力または多数説となっていたと推測される。[8]

また、会社法の下では、会計監査人非設置会社の監査役の監査報告には、「計算関係書類が当該株式会社の財産及び損益の状況を全ての重要な点において適正に表示しているかどうかについての意見」が記載され（会社計算規則122条1項2号）、会計監査人の監査報告にも「計算関係書類が当該株式会社の財産及び損益の状況を全ての重要な点において適正に表示しているかどうかについての意見があるときは、その意見」を記載することとされており（会社計算規則126条1項2号）、平成17年改正前商法281条ノ3第2項4号及び5号（そして、廃止前商法特例法13条2項2号）のような規定はない。したがって、大阪地裁判決が根拠として挙げた2点のうち1つは妥当しないこととなった。

しかも、平成23年3月改正前会社計算規則101条2項柱書は、単に、「会計方針を変更した場合には、次に掲げる事項（重要性の乏しいものを除く。）も重要な会計方針に関する注記とする」と定めていたのに対し、企業会計基準委員会「企業会計基準第24号　会計上の変更及び誤謬の訂正に関する会計基準」4項（5）に倣って、平成23年3月改正後102条の2柱書は「会計方針の変更に関する注記は、一般に公正妥当と認められる会計方針を他の一般に公正妥当と認められる会計方針に変更した場合における次に掲げる事項（重要性の乏しいものを除く。）とする」と定めているところ、会社計算規則102条の2における「会計方針の変更」としては正当な理由による会計方針の変更が想定されている。[9]

6　工事負担金の会計処理と平成17年改正前商法

かつては、圧縮記帳をすべきであるとする見解[10]や圧縮記帳を認める見解[11]も有力であった。しかし、1980年代以降、圧縮記帳をすべきではないとするのが、少なくとも、商法の解釈としては多数説となった。[12] しかも、影響力のある研究者は「圧縮記帳することは商法上違法」であると指摘していた。[13] すなわち、圧縮記帳することは相対的には適当ではない（望ましくない）会計処理方法であり、圧縮記帳をしないことが、より適切な会計処理方法であると解されていた。[14] そして、大阪高裁判決はこのような解釈をふまえて、正当な理由によらない会計方針の変更とはいえないとした。ここで注目に値するのは、業種別監査委員会報告第29号が裁判所の事実認定と解釈に影響を与えたという点である（会計基準という形でなくとも「公正ナル会計慣行」の内容がどのようなものであるかの判断材料となる）。

なお、この事件において、Xらは、圧縮記帳以外に「公正ナル会計慣行」として認められるのは、〔1〕損益計算書で圧縮損を計上することに代えて、利益処分として圧縮積立金を計上する方法（利益処分方式）と、〔2〕受入工事負担金をいったん前受収益（固定負債）として計上し、対象となる固定資産の耐用年数の期間に案分して利益へと振替える方法（前受収益法）の二つのみであり、これ以外の方法は、「公正ナル会計慣行」ではないと主張したが、大阪地裁判決はこのような主張を退けた。[15]

たしかに、国際会計基準第20号は、資産に関する政府補助金を繰延収益として処理することを認めているが（パラグラフ3および24）、少なくとも平成17年改正前商法の下では、繰延収益を負債の部に計上することは適切ではないと解されていた。これは、法務省民事局参事官室「商法・有限会社法改正試案」（昭和61年5月15日）14ａでは、「繰延資産及び繰延収益等（退職給与引当金の設定に伴う過去勤務費用、合併費用、割賦販売繰延損益等）について包括規定を設けるかどうかは、なお検討する。」とされ、また、平成元年に、会計学の研究者から法制審議会商法部会に繰延収益について包括規定を求める意見書が提出されたにもかかわらず、平成2年商法改正においてはそのような改正がなされないこととされたという経緯からもうかがえる。[16]

注

1 業種別監査委員会報告第29号「鉄道業における工事負担金等の圧縮記帳処理に係る監査上の取扱い」(平成15年1月16日)〈https://jicpa.or.jp/specialized_field/publication/files/00384-000994.pdf〉。

2 大隅健一郎『商法総則〔新版〕』219頁(有斐閣、昭和53年)、鈴木竹雄＝竹内昭夫『会社法〔第3版〕』330頁(有斐閣、平成6年)、鴻常夫『商法総則〔新訂第5版〕』260頁(弘文堂、平成11年)など。

3 尾崎安央「継続性の原則の法的意義」早稲田法学60巻4号57頁(昭和60年)参照。

4 会計監査人の監査報告書の記載事項も同様であった(平成17年法律第87号による廃止前商法特例法13条2項2号)。

5 『新版注釈会社法(8)』60頁〔片木晴彦〕参照。すなわち、不相当な会計方針の変更が常に法令・定款に違反するのであれば、第4号の意見(たとえば、「○○の減価償却方法の定率法から定額法への変更は正当な理由に基づくものではなく、第○○期の損益計算書は会社の損益の状況を正しく示していない」というような意見)が表明され、第5号による意見を別個に表明させる意味がないことになる。

6 味村治「継続性の原則の現実」『現代商法学の課題　中巻』994頁(有斐閣、昭和50年)、吉田昂「会社の計算規定改正について――継続性の原則及び引当金等」商事法務834号3頁(昭和54年)。

7 大隅健一郎＝今井宏『会社法論〔第3版〕中巻』361頁(有斐閣、平成3年)。なお、継続性の原則違反が商法違反と評価されるのは、その影響が重大な場合に限られるという見解も存在した(尾崎・前掲注(3)92-93頁、山村忠平「会計方針の変更」青山法学論集25巻4号9-10頁(昭和59年)など)。

8 竹内昭夫『改正会社法解説』208頁(有斐閣、昭和56年)、河本一郎『現代会社法〔新訂第9版〕』616頁(注1)(商事法務、平成6年)、江頭憲治郎『株式会社法・有限会社法〔第4版〕』498頁注(5)(有斐閣、平成17年)、『新版注釈会社法(8)』59頁〔片木晴彦〕(有斐閣、昭和62年)。また、島原宏明『企業会計法の展開と論理』107頁(税務経理協会、平成15年)参照。

9 高木弘明＝新井吐夢「過年度遡及処理に関する会社計算規則の一部を改正する省令の解説」商事法務1930号7頁

（平成23年）。他方、平成23年3月改正前126条2項2号は、会計監査人の会計監査報告における「追記情報」の例示として、「正当な理由による会計方針の変更」（圏点―引用者）を挙げていたが、改正後126条2項2号は「会計方針の変更」と規定している。これは、平成22年9月改正により、監査証明府令が例示する追記情報が「正当な理由による会計方針の変更」から「会計方針の変更」に変更されたことに対応したものである。この変更は、国際監査基準のクラリティ・プロジェクトに対応するための追記情報の見直しに伴うもので、「これまでのように必ずしも正当な理由による場合だけには限られない」という理由に基づくと説明されている（企業会計審議会総会・第24回監査部会合同会合議事録〈http://www.fsa.go.jp/singi/singi_kigyou/gijiroku/soukai/f-20100326_s-giji.html〉［友杉部会長］）。

10 味村治「経理処理」『経営法学全集X　経理・税務』154頁（ダイヤモンド社、昭和43年）。

11 吉田昂『改正会社法』109頁（日本加除出版、昭和38年）。

12 大隅＝今井・前掲注（7）395頁注（10）、『新版注釈会社法（8）』132－133頁〔西山忠範〕、蓮井良憲ほか『会社会計法』57頁注（8）（中央経済社、平成3年）など。

13 矢沢惇『企業会計法の理論』66頁（有斐閣、昭和56年）。

14 詳細については、弥永真生「商法からみた工事負担金の会計処理のあり方」企業会計56巻4号57頁以下（平成16年）参照。

15 業種別監査委員会報告第29号では、「固定資産の貸借対照表価額から工事負担金等を直接減額せず取得原価で計上している場合、利益処分方式により会社が課税の繰延べを行うか否かは、会社判断の問題であり、会計処理の問題ではないと解される。」と指摘されている。

16 新井清光「繰延収益に関する包括規定について」企業会計41巻10号12－19頁（平成元年）及び弥永真生「繰延収益と商法」會計166巻5号112－125頁（平成16年）など参照。

3 ライブドア事件

――明確な会計基準の不存在

①第1審（東京地判平成19・3・16判時2002号31頁）
②控訴審（東京高判平成20・7・25判時2030号127頁）
③上告審（最三小決平成23・4・25。平成20年（あ）第1651号）

この事案では、風説流布・偽計使用罪（証券取引法［当時］158条）の成立も問題となったが、会計処理の適切性に関する部分に絞って紹介する。

1 事案の概要

その発行する株式を東証マザーズ市場に上場していたA（ライブドア）の代表取締役兼最高経営責任者であり、かつ、Aの子会社でその発行する株式を東証マザーズ市場に上場していたBの取締役であったY（被告人）は、Aの業務に関し、平成16年12月27日、財務省関東財務局長に対し、経常利益を50億3421万1000円と記載した連結損益計算書を含む、平成15年10月から平成16年

9月までの連結会計年度に係る有価証券報告書を提出した。

なお、この経常利益の額は、A株式売却益約37億6700万円、EおよびFに対する売上15億8000万円などを前提として算定されたものであったが、A株式売却益は、C（Aの完全子会社であって、企業買収等を行うことを業務としていた）が出資を行っていた4つの投資事業組合（チャレンジャー1号、VLMA1号、VLMA2号およびEFC組合。以下「本件各組合」という。）がA株式を消費貸借により借り入れ、それを売却した取引を、Aの連結損益計算書において、売上高に含めたことによって認識されたものであった。

2 第1審判決

Ⅰ「A株式の売却益をAの連結決算において損益勘定の売上げとして計上できず、あえて行った場合、虚偽の有価証券報告書を提出した者…として刑事罰が科されることから、投資事業組合を介在させてそれらの規制等を回避し、損益勘定としてAの連結決算上で売上計上するという会計処理の潜脱目的を達成しようとして、本件各組合を組成したものである。そして、実際に組成された本件各組合も、Cの指示に基づきA株式を売却し、その売却益を還流させているのであって、その実態も上記目的に沿ったものであった。

これらの事実からすれば、前記A株式の売却は形式上は複数の投資事業組合を経由してなされてはいるが、同組合はいずれも、Cが違反者に刑事罰が科せられるような法規制等を回避するためにいわば脱法目的で組成した組合であって、そのように、一定の独立性が認められている組合を悪用してなされた取引においては、当該組合の存在を否定すべきであるから、実質的には、CがA株式を売却したものと認めるのが相当である」。

Ⅱ「一般の貸株（借株）の場合、貸株は実務指針〔日本公認会計士協会会計制度委員会報告第14号―引用者〕9項により「金融商品」とされ、有価証券の消費貸借であるから、その会計処理については、貸株を受けただけでは損益は生ぜず、これを売却等しても、その処分価格と同額と評価される返還債務を負担することになるから、結局、その時点では損益は発生しない。そして、別途取得した株式で借株を返還した時点で、その返還債務が消滅して同債務の価額と取得価額の差額について処分差益が発生し、有価証券運用益として利益計上することとなるのである。

しかしながら、貸株の対象が自己株式である場合、上記の一般の貸株と同様の処理をするのかが問題となる。この点、G証人も供述しているとおり、実務指針3項では、「金融商品」について「金融資産、金融負債及びデリバティブ取引に係る契約」と規定しているところ、同4項が「金融資産」を「他の企業の株式その他の出資証券」と定めており、自己の企業の株式すなわち自己株式を除外する定め方をしていること、実務指針は平成12年1月31日に作成され、平成14年9月17日に最終改正されているが、自己株式の取得を原則として認めるようになった平成13年の商法改正の際、別段、この点の実務指針の変更が行われていないことからすると、自己株式は金融商品に該当せず、自己株式の貸株には実務指針が適用されないこととなる。

ところで、自己株式については、…自己株式等に関する会計基準〔企業会計基準第1号―引用者〕が公表されているところ、…同基準は商法の予定している自己株式の取得、処分を前提としており、自己株式の貸株を受けた場合を想定して規定されたものではない。しかしながら、同基準は、自己株式の資産性を否定して、資本の控除として取扱い、その取得、処分を資本取引としているのであるから、自己株式を取り扱う以上、その貸株についても、同基準を適用すべきであると解するのが相当である。この理は、自己株式の貸株を受けて高価で売却し、その後、安価で取得した株式で返還して、売却額と取得額の差益を得る場合と、自己株式を安価で取得して高価で売却して差益を得る場合とでは、経済的実態が実質的に同一であることからも明らかである（しかも、本件では自己株式〔親会社株式〕の取得、売却を前提に、早期の現金化を企図して貸株を利用しているだけである。）。ただ、同基準には貸株を受けた場合の会計処理についての規定はないので、貸株を受けた時点の会計処理は、実務指針の規定を参考にせざるを得ないが、別途取得した自己株式で貸株を返還したことにより発生する処分差益は、同基準21項により、その他資本剰余金として計上しなくてはならないことになる。

そして、本件では、連結子会社であるC社が親会社であるA社の株式の貸株を受けたものであるが、同基準84項によれば、子会社の有する親会社株式は、連結財務諸表においては、企業集団で考えて親会社の保有する自己株式と同様の性格とされており、同基準30項で、親会社株式の売却損益の会計処理は、親会社における自己株式処分差額の会計処理と同様にするものとされているのであるから、自己株式の貸株についての上記判示がそのまま当てはまり、その売却益は、連結財務諸表において、その他資本剰余金に計上しなければならず、売上計上は許されないこととなる。

…弁護人は、G証言の考え方自体に明確な根拠がなく、論理的に整合しない部分があること、自身の考えが唯一絶対のものであると考えているわけではなく、他の考えをする会計関係者もあり得る余地を認めていることなどを指摘して、その他資本剰余金に振り替えるとの会計処理が唯一絶対のものとは認められないし、少なくとも検察官による立証はなされていないと主張している。

しかしながらG証人は、自己株式等に関する会計基準を策定した背景を考慮すると、自己株式を借株した際も、同基準に沿って考えるべきであり、損益に掲げる会計処理は間違っていると明確に供述しており、ただ、損益計上する会計士がいないのかと問われ、絶対にいないとはいえないと供述しているが、その趣旨は、特異な考えをもった会計士が存在する可能性を言ったにすぎず、それが一般的に是認された扱いということを言ったものではない。」

3　控訴審判決

「本件での争点は、Ａの株式が本件各組合名義で売却されているところ、実質的にはCが売却したといえるか否かであって、…原判決のように、本件各組合名義で行われた取引については独立の存在を否定する立場においては当てはまらない。…原判決は、上記のとおり、本件各組合について主観、客観両面から成る複数の間接事実を含めた争点についての主張・立証を経て、法人格否認の法理の要件の存否と同様の検討をした上で判断しているものといい得る。…原判決は、…『ダミーファンド』という言い方は避けたものの、本件各組合のいずれもが、会計処理を潜脱する目的を有し、その実態もA株式の売却及び売却益の連結売上計上のために法規制等を回避するという組成目的に沿ったものとなっているなどと認定している。」

4 上告審決定

「上告趣意のうち、判例違反をいう点は、事案を異にする判例を引用するものであって、本件に適切でなく、その余は、事実誤認、単なる法令違反、量刑不当の主張であって、刑訴法405条の上告理由に当たらない。」として上告が棄却され、本件における会計処理の適切性についての実体的判断は示されなかった。

5 連結の範囲と法人格否認の法理

第1審判決にしても、控訴審判決にしても、会社の計算に関する事件であるにもかかわらず、財務諸表等規則などの内閣府令や「一般に公正妥当と認められる企業会計の基準」（財務諸表等規則1条1項）の文言の解釈を全くすることなく、「本件各組合のいずれもが、会計処理を潜脱する目的を有し、その実態もA株式の売却及び売却益の連結売上計上のために法規制等を回避するという組成目的に沿ったものとなっている」として、「本件各組合名義で行われた取引については独立の存在を否定」し、売却益をAの連結損益計算書に計上したことは、虚偽記載であると判断している。

しかし、これは、A株式売却益を連結売上に計上する目的で組成されたから、組合を別の主体と見ることは会計上許されない→脱法目的で組成された、という循環論法になっているのではないかと思われる。

そもそも、どのようなものが連結の範囲に含まれる子会社に当たるのかはアプリオリに決まるものではなく、一定の決めごととされているといえる。すなわち、議決権基準によるのか支配力基準によるのか、そして、日本の現行基準のようなハイブリッド基準によるかは時期によって、または、法域によって異なるのであり、架空資産や簿外負債のようなものとは性質を異にする（もっとも、会社法または商法の観点からの是非はともかくとして、法律上の債務のうち一部のものを負債の部で認識しないのが現在の会計実務であるし、いわゆる繰延資産の貸借対照表能力についての理解も時代や法域で異なる）。つまり、会計ルールによって初めてどのような事業体が連結に含められるべきかは決まるという面を有しているのであるから、投資事業組合を連結の範囲に含めることを要求していなかった以上、投資事業組合が連結の範囲に含まれないことをもって、当該組合が連結会計ルールを回避するためのものであると評価すること（そして、それを理由として独立の存在であることを否定すること）にはかなり無理がある（本件以外の投資事業組合も連結の対象に含まれないことを少なくとも重要な考慮要素の1つとして組成されていたことは否定できないように思われる）。

いわゆる「法人格否認の法理」とは、会社の形式的独立性を貫くことが正義・衡平の理念に反すると認められるなどの例外的な場合に、会社の法人格を当該法律関係に限って否認することで事案の衡平な解決を図る法理であり[1]、「法人格否認の法理」が適用される事例として、判例は、①会社の法人格が「形骸」に過ぎないという場合と②法人格が法律の適用を回避するために「濫用」されている場合との二類型を挙げている[2]。おそらく、第1審判決および控訴審判決は、本件の事案は法人格の濫用に相当すると考えたのであろうが[3]、連結のルールは自然法的なものではなく、創設的なものであり、法形式に着目して（たとえば、１００％親子会社関係があり、どれほど親会社が子会社を支配していても、単体レベルでは、両会社は別個の会計主体であるものとして会計処理がなされる）会計主体を捉えている我が国の会計基準の下では、投資事業組合の組成に会計ルールとの関連での脱法目的を認定することが不自然といえそうである。

しかも、この点についての、第１審判決および控訴審判決の判示は、最判平成20・７・18刑集62巻７号２１０１頁（本書５頁）や最判平成21・12・７刑集63巻11号２１６５頁（日債銀刑事事件）の前提に照らせば、整合的ではない認定であると解される余地がある。[4]すなわち、脱法目的で投資事業組合を組成したという第１審判決および控訴審判決の認定は、善解したとしても、証券取引法（現在は金融商品取引法）上、明確なルールは存在しなくとも、会社の財政状態および経営成績をよりよく示す会計処理方法を有価証券報告書提出会社は採用すべきであるという規範が存在し、それに違反した会計処理に基づく連結財務諸表等を含む有価証券報告書には虚偽記載があるという前提に基づくものでなければ、説得力を有しない。[5]なぜならば、平成16年９月期当時、議決権の過半数を実質的に有していない場合であっても、投資事業組合を連結の範囲に含めるべきか否かについて、その当時の会計関連の文献等に照らすならば明確なルールは存在していなかったとみるのが適当だからである。[6]

他方、最判平成20・７・18は、仮に、これまで慣行として行われていた会計処理方法（あるいは、従来、個別企業で適用されていた会計処理方法）が会社の財産及び損益の状況を必ずしも十分に示しているとは考えられない場合であっても、それを否定する明確なルールが存在しない場合には、平成17年改正前）商法違反あるいは証券取引法違反とはならないことを、おそらく無意識のうちに前提としていたと考えられる。とりわけ、古田佑紀裁判官が補足意見として、「長銀の本件決算は、その抱える不良債権の実態と大きくかい離していたものと推認される」、「企業の財務状態をできる限り客観的に表すべき企業会計の原則や企業の財務状態の透明性を確保することを目的とする証券取引法における企業会計の開示制度の観点から見れば、大きな問題があったものであることは明らかと思われる」と指摘しつつ、法廷意見に与したことに照らせば、最判平成20・7・18（本書5頁）はこのような趣旨であると理解することが自然である。

6 自己株式の消費貸借

自己株式の消費貸借について、「企業会計基準第1号　自己株式及び準備金の額の減少等に関する会計基準」（平成14年2月21日）（以下「自己株式会計基準」という。）を適用すべきであったから、その他資本剰余金の額を増加させるべきであったのであり、損益計上は許されなかったと解していることには、2つの観点から疑義がある。

第1に、議決権の過半数を実質的に保有していなくとも、投資事業組合を連結の範囲に含めるべき場合があるという見解は必ずしも広く受け入れられていなかったとはいえ、有力に主張されていたのに対し、自己株式の消費貸借について、自己株式会計基準が適用されるのか、日本公認会計士協会会計制度委員会報告第14号「金融商品会計に関する実務指針」（平成12年1月31日）が適用されるのかという問題については、少なくとも、広く議論されたことはなかったはずであるし、したがって、その議論の結果が公表されたことはなかった。すなわち、確立したルールどころか、どのようなルールが設定されるのかについての手がかりすら存在しなかった状況にあったと思われる。

しかも、裁判所が「損益計上する会計士」は「特異な考えをもった会計士」であるとし、G証人が個人的見解として述べたこと――G証人はかなり慎重な言い回しで証言をされたようである――のみを根拠として、資本剰余金として認識することが唯一の「公正妥当と認められる企業会計」の処理であると認定したことは、一般に公正妥当と認められる企業会計の基準または公正ナル会計慣行が複数存在し得るという一般論に照らすと、やや安直であったとみる余地もある（資本剰余金として認識することは「公正妥当と認められる企業会計」の処理の1つかもしれないが[7]、それ以外は認められないということが十分に根拠づけられていないのではないかという懸念である）。

このように考えると、自己株式の消費貸借に自己株式会計基準を適用しなかったことを捉えて、一般に公正妥当と認められる企業会計の基準に違反し、違法であると評価することは最判平成20・7・18（本書5頁）などの発想とは整合しないと考えられる。

第2に、こちらの方がより重要であるが、企業の経営成績を適正に示すという観点からも、自己株式の消費貸借に自己株式会計基準が（類推）適用されるべき実質的根拠があったとするには無理があるのではないかと思われる。自己株式の消費貸借は自己株式の売却・取得と経済的実質が同じであるとは必ずしもいえない。自己株式の処分から生ずる損益を資本剰余金に反映させるのは、実質的にみれば、株主からの払込み（株主との間の資本取引）であることに着目するものであるが、自己株式の消費貸借がそのような性質を、一般的に有しているのかが問われなければならないからである。理論的に考えるならば、たとえば、自社株式のコールオプションを売却した場合には、自己新株予約権の売却に準ずるべきであると解してですら、それに係る損益は、損益計算書に反映されることになっていることとのバランス上、自己株式の消費貸借から生ずる損益は、損益計算書に反映させることが首尾一貫するという解釈の余地もあり得るからである。しかも、Cは、いわば投資等を業とする会社であり、親会社の株式をも有価証券の一種として資産運用の対象とすることには何ら不思議はない以上、自己株式会計基準を類推適用ないし拡張適用することは適当ではないとみることも可能だからである。[8]

もっとも、本件において、被告人またはその弁護人が、損益計上が認められる余地があるという主張のみを行い、それを裏付ける証拠を提出せず、または、損益計上が認められると解釈するロジックを具体的に裁判所に提示しなかったのだとすれば、裁判所がG証人の証言のみに依拠したことはやむを得なかったというべきかもしれない。そうだとすれば、被告人にとっては、自らの主張を裏付ける適切な専門家の証言を得られなかったことが不幸であったということになる。医療過誤訴訟において、かつては、患者側が適切な証人を見つけることができなかったといわれているが、会計処理の適否を争う訴訟においても、同様のことが当てはまっているのかもしれず、公認会計士をはじめとする会計専門家に対する今後の期待は少なくない。

7 民事事件

刑事事件での判断を背景として、民事事件においても、本件各組合によるA株式の売却は、実質的にはCによる親会社（A）株式売却と同視すべきであるという判示が繰り返されている。[9]

注

1　したがって、かりに、投資事業組合がインサイダー取引規制を潜脱するために組成されたとしても、会計処理との関係で、独立の存在を否定すべきことにはならない。

2　たとえば、最判昭和44・2・27民集23巻2号511頁、最判昭和48・10・26民集27巻9号1240頁参照。

3　濫用事例に当たるとされる要件としては、①背後者が会社を自己の意のまま「道具」として用いうる支配的地位にあって会社法人格を利用していること（支配要件）と、②違法な目的で法人格を利用していること（目的要件）との二つが挙げられている。そして、「違法な目的」には、会社法人格利用による法律上または契約上の義務を回避することなどが含まれると理解されている。他方、形骸事例に当たるとされる要件としては、会社の実質が全くの個人企業（または子会社が親会社の一部門にすぎない）と認められることなどが挙げられている。具体的には、①業務活動混同の反復・継続、②会社と社員（株主）の義務や財産の全般的・継続的混同、③明確な帳簿記載・会計区分の欠如、④株主総会・取締役会の不開催などの強行法的組織規定の無視などの事実を総合考慮して判断するといわれている（東京高判昭和53・8・9判時904号65頁、大阪高判昭和56・2・27判時1015号121頁）。

4　片木晴彦「公正な会計慣行と取締役の責任」岩原紳作ほか編『会社法判例百選〔第3版〕』157頁（平成28年）は、本事件の判断と最判平成20・7・18の「判断の整合性は、必ずしも明確ではない」と指摘する。

5　大杉謙一「ライブドア事件判決の検討（下）」東京地裁平成19・4・18判決」商事法務1811号15頁（平成19年）参照。

6　日本公認会計士協会監査・保証実務委員会「特別目的会社を利用した取引に係る会計基準等の設定・改正に関する提言」（平成17年9月30日）5頁。日本経済新聞平成19年4月14日付朝刊14面も参照。

7　このような考え方の詳細については、たとえば、伊藤眞「借り入れた親会社株式の売却と買取った親会社株式（株式交換により発行されたもの）による返還から生じた親会社株式売却益の親会社連結財務諸表における会計処理―ライブドア事件に関連して」三田商学研究50巻1号95頁（平成19年）参照。

8　自己株式会計基準の設定前には、「株式会社の貸借対照表、損益計算書、営業報告書及び附属明細書に関する規則」が、自己株式を貸借対照表の資産の部に記載すべき旨を定めていたため、自己株式処分差額は損益として認識されていたことに照らすと、自己株式会計基準は、自己株式処分差額をその他資本剰余金の額に反映させるという特例を定めたものと考える余地がまったくないわけではない。また、借入有価証券が自己株式であっても、有価証券の消費貸借においては、借り手は借入有価証券をオンバランスしないため、自己株式を取得したときのように、自己株式が純資産の部に計上されるわけではないから、損益を認識することが明らかに不自然というわけでもなさそうである。

9　被告が争わなかったため、刑事事件第1審判決に依拠して実質的検討を加えなかった東京地判平成20・6・13民集66巻5号2064頁（東京高判平成21・12・16民集66巻5号2177頁、最三小判平成24・3・13民集66巻5号1957頁により是認）のほか、東京地判平成27・11・25金判1485号20頁、同平成21・7・9判タ1338号156頁、同平成21・6・18判時2049号77頁、同平成21・5・21判時2047号36頁（東京高判平成23・11・30判時2152号116頁により是認）など。

4 NOVA事件
——収益の認識と引当金の設定

①第1審（大阪地判平成24・6・7金判1403号30頁）
②控訴審（大阪高判平成26・2・27判時2243号82頁）
③上告審（最一小決平成27・3・26。平成26年（オ）第767号・平成26年（受）第978号）（上告棄却・上告不受理）会計処理の適否は争点とはされなかった

1 事案の概要

ノヴァは、受講料の45%をシステム登録料、55%をシステム利用料として、入学金とシステム登録料とを契約時に売上計上し、システム利用料を契約期間を通じて均等に売上計上する方式（システム利用料のうち、当期中に経過した契約期間に対応する部分が当期の売上として計上され、残存契約期間に対応する部分は貸借対照表の負債の部に繰延駅前留学サービス収入として計上される。以下「本件会計処理方式」という。）を考案し、平成7年3月期から、これを採用した。

ノヴァが、受講契約の解約清算金として支払った金額は、平成12年3月期には20億6600万円

（百万円未満切捨、以下同じ。収入金額に占める割合は4.5％）、平成13年3月期には29億6400万円（同6.4％）、平成14年3月期には29億5900万円（同6.2％）、平成15年3月期には28億4500万円（同5.3％）、平成16年3月期には40億9400万円（同7.3％）とおおむね増加傾向にあり、平成17年3月期には53億5000万円（同9.7％）に及んだが、ノヴァは、平成17年3月期以前の決算において、解約清算金を支払時期の属する期の損金として処理しており、売上返戻金に関する引当金を計上することはなかった。その後、売上返戻引当金を、平成18年3月期に11億8300万円、平成19年3月期に18億8000万円、それぞれ計上した。

なお、ノヴァは、当初、中途解約には原則として応じない方針であったが、平成9年4月頃から、中途解約に応ずる方針に改め、清算金の算定に関する規定を設け、解約に伴う清算金（未受講の受講料相当額等）を受講生に払い戻すようになった。ノヴァの清算金算定に関する規定は、時期等によりその内容に変遷はあるが、基本的に、前受受講料から、解約までに使用したポイントの対価額および解約手数料を控除した金額を払い戻すものであるところ、使用済みポイントの対価額を算定するに当たり、契約時のポイント単価（契約時単価）ではなく、ノヴァが解約清算規定により定めた単価（規定単価）を用いるものとしており、規定単価は、原則として、使用済みポイントの数以下でそれに最も近い登録ポイント単価としていた（本件解約清算規定）。そのため、規定単価は、契約時単価よりも常に高額となっていた。

ところが、平成11年法律第34号による訪問販売等に関する法律の改正[1]（平成11年10月22日施行）により、語学学校など一定の事業者が2月を超える期間にわたる役務提供を行い、5万円を超える金額を支払うことを約する契約（特定継続的役務提供取引）について、消費者はクーリングオフすることができるようになり（48条）、また、クーリングオフ期間経過後も、消費者は将来に向かって契約を解除すること（中途解約）ができるものとされ（49条1項）、中途解約の場合に事業者が消費者に請求できる金額の上限を定められた（49条2項）。中途解約時の清算については、語学教室の事業者が役務提供開始後に中途解約した消費者に請求できる金額の上限を、「提供された役務の対価」相当額と「通常生ずる損害額（契約残額の20％又は5万円のいずれか低い額）」の合算額と定められた（49条2項）。そこで、平成15年頃から、ノヴァとの受講契約を中途解約した元受講生が、ノヴァに対し、契約時単価により算定した清算金を支払うよう求める訴訟が各地で提起された。下級審判決（東京地判平成17・2・16、東京高判平成17・7・20、東京高判平成18・2・28、大阪高判平成18・9・8など）は、いずれも無効であると判断し、ノヴァの本件解約清算規定を有効とする判決は存在せず、最三小判平成19・4・3民集61巻3号967頁（本件最高裁判決）は、ノヴァの本件解約清算規定は、特定商取引法49条2項1号に定める額を超える額の金銭の支払を求めるものとして無効であるとした。

2 第1審判決

「企業会計原則における実現主義は、役務を提供したものについて収益に計上することができるというものであり、本件会計処理方式におけるシステム登録料は、外国人講師の手配や受講生の受入環境の維持、レッスンや教材の質の維持など、個々のレッスンの実施以外に、その準備のためにかかる費用のことである。それは、ノヴァのレッスンシステムを利用するための対価にあたるとともに、個々のレッスンを受ける前に費やされるものであるから、受講を開始する時点で、役務の提供があるといえる。…したがって、システム登録料45パーセントを初年度に売上とし計上することが、費用収益対応原則・実現主義に反して違法である、とまではいえない。」

「企業会計原則によると、引当金は、将来の特定の費用又は損失であって、その発生が当期以前の事象に起因し、発生の可能性が高く、かつ、その金額を合理的に見積もることができる場合には、当期の負担に属する金額を当期の費用又は損失として引当金に繰入れ、当該引当金の残高を貸借対照表の負債の部又は資産の部に記載するものとすると定められている（企業会計原則注解18…）。…平成18年度以前から一定程度解約清算金が生じていたのであるから、解約清算金が発生する可能性が高いといえ、また、金額もある程度見積もることができるのだから、引当金として計上しておくべきであったと考えられる。

他方、平成11年度から平成14年度は、収入金額に占める解約清算金の割合は、4ないし6パーセント程度にすぎず、ノヴァの財政状態を正常に示す上でそれほど重要な割合を占めているとは認められない。

それ以降の解約清算金の割合は、平成15年度は7.3パーセント、平成16年度は9.7パーセント、平成17年度上期は9.2パーセントと、平成15年度からその割合は増加し始めていることからすると、より重要度が増したといえる。しかし、引当金を計上するためには、解約清算金の見込額を合理的に算定できなければならないところ、平成18年3月末決算期より前は、解約清算金のデータは作成されていなかったのであるから、その見込額を算定することは困難であった。そうすると、同決算期より前に解約清算金に関する引当金を計上しなかったとしても、企業会計原則に反して違法であるとまではいえない。

…ノヴァは、…平成18年3月末決算期に約11億円の引当金を計上している。…この金額は、負債の部の長期繰延駅前留学サービス収入の期末残高に45／55を乗じ、過去5年間の平均解約率4.6パーセントを乗じたものである。…過去5年間の平均解約率4.6パーセントを乗じる点も、前記の平成15年度以降の収入に占める解約清算金の割合に比べるとやや低いものの、平成11年度から平成14年度の割合と同程度であることからすると、低すぎるとまではいえない。そうすると、平成18年3月末決算期の引当金の計上が、債務額を低く表示する粉飾決算でとして（原文ママ）違法である、とまではいえない。…平成18年3月末決算期においては、前記最高裁判所の判決［本件最高裁判決］がまだ出されていなかったことからすると、当時におけるノヴァの上記引当金計上方法が、不合理であるとはいえない。」

3 控訴審判決

「会社法431条（旧商法32条2項）は、「株式会社の会計は、一般に公正妥当と認められる企業会計の慣行に従うものとする。」と定めているところ、企業会計原則は、企業会計の実務の中で慣習として発達したものの中から、一般に公正妥当と認められるものを要約したものであり、上記「公正な会計慣行」に該当するものといえる。

そして、企業会計原則は、第二損益計算書原則3Bにおいて、「売上高は、実現主義の原則に従い、商品等の販売又は役務の給付によって実現したものに限る。」と定めて、収益の認識は実現主義によるものとし、同1Aにおいて、「すべての費用及び収益は、その支出及び収入に基づいて計上し、その発生した期間に正しく割り当てられるように処理しなければならない。ただし、未実現収益は、原則として、当期の損益計算に計上してはならない。前払費用及び前受収益は、これを当期の損益計算から除去し、未払費用及び未収収益は、当期の損益計算に計上しなければならない。」と定め、注解注5（2）において、「前受収益は、一定の契約に従い、継続して役務の提供を行う場合、いまだ提供していない役務に対し支払を受けた対価をいう。従って、このような役務に対する対価は、時間の経過とともに次期以降の収益となるものであるから、これを当期の損益計算から除去するとともに貸借対照表の負債の部に計上しなければならない。」と定めているのであるから、ノヴァの前受講料に関する収益認識についても、企業会計原則の定める実現主義に沿うものであることが求められる。

もっとも、上記企業会計原則は、基本原則として実現主義に基づく収益認識の考え方を示すものであるが、多様化・複雑化した取引形態において、何をもって実現と考えるかは容易に判断し難い場合もあり、個別の会計基準等が別途設定されている場合以外の一般的な取引においては、実現主義の原則を斟酌し、取引の実態に応じて同原則の適用を行うべきものであり（甲A172）、取引によっては、実現主義に適合する会計処理方式が複数考えられ、必ずしも一義的でない場合もあり得る。

…企業会計原則は、前記のとおり、役務の提供に係る収益の認識基準を、役務の給付によって実現したものに限るとするものであるところ、契約に基づく役務の提供が完了したといえるかについては、基本的には当該契約の内容等を勘案して判断すべきものである。

…一般に、教育関係事業における実務慣行として、受講契約時に授業環境の整備のための一時金（設備費収入、校納金収入等）の収受が行われる例があり、これらの一時金については契約と同時に役務の提供があったものとされているところ、ノヴァにおいて、自由予約制を採用し、受講生の希望の時間にレッスンを受けることができるようにする等受講生の受入環境を維持するためには、一定の設備投資、環境整備をあらかじめ行う必要があり、ノヴァの受講生は、受講契約を締結した時点でかかる設備を用いた便益を受ける地位を取得すると解し得るから、その対価として、システム登録料を支払うものとする料金設定の基本的枠組みは、直ちに不当と評価されるものとはいえない。…ノヴァが、…システム登録料に相当する役務の提供については、受講契約締結時に完了しているものとして、売上金に計上する本件会計処理方式を採用したことは、企業会計原則の定める実現主義の原則に反する違法なものとは評価し難い。

…企業会計において、一括前払いで受領した受講料をどの時点で収益として認識して計上するかという問題と、受講契約が中途解約された場合に受領済みの受講料についてどのように清算を行うかという問題とは、時点及び場面を異にするものであり、一方における処理方法が他方における処理方法を論理必然的に決定する性質のものではない。…したがって、ノヴァにおいて中途解約の場合に前記のような清算方法が取られているからといって、本件会計方式が企業会計原則に違反するとはいえない。…収益認識に関する文献（甲A172）には、授業が集団指導形式で、定められたカリキュラム通り行われ、授業料が全額一括で前払いされる学習塾の収益認識に関して、原告らの前記主張［全額一括で前払いされる授業料については、個々の授業毎に売上計上する方法が企業会計原則の常識的な解釈］に沿う記載がある。しかし、前記文献は、学習塾が提供する役務の内容により、相当する収益認識の時期が、全カリキュラム完了時に一括計上する方式、授業数で按分する方式、期間で按分する方式等異なり得ることを示すものであって、レッスンポイントを全額前払いとし、自由予約制により授業が提供されるノヴァの方式は、前記のいずれの方式とも異なるものであるから、前記記載をもって、本件会計処理方式が企業会計原則に違反するとはいえない。」

「…［ノヴァの会計監査人であった］Y_1の…指摘は、解約清算金について、引当金計上によらないそれまでの会計処理方法が企業会計原則に反すると指摘する趣旨とは認められないから、ノヴァが平成17年3月期以前に引当金を計上しなかったことを違法とまで評価することはできない。…ノヴァが解約清算金として支払った金額は、平成12年3月期から平成16年3月期まで、収入金額に占める割合で4.5％、6.4％、6.2％、5.3％、7.3％とおおむね増加傾向にあり、平成17年3月期には9.7％と急増していること、解約清算金に関する訴訟は、平成17、8年頃下級審においてノヴァの敗訴判決が続き、本件最高裁判決に至っていることが認められる。しかしながら、解約率は、語学教室への需要の動向や、ノヴァの提供する授業やサービスの内容等、種々の要因により変動するものと考えられ、過去の傾向から今後も直ちに同様の増加傾向が続くことが予測されるものとはいえないから、過去5年間の平均解約率を採用することが直ちに不当不合理とは言い難い。」

4 収益の認識

第1審判決も控訴審判決も引用するように、『企業会計原則』では「売上高は、実現主義の原則に従い、商品等の販売又は役務の給付によって実現したものに限る。」（第二、三B）とされている。また、経済安定本部企業会計基準審議会『税法と企業会計原則との調整に関する意見書（小委員会報告）』（昭和27年6月16日）では、「販売によって獲得した対価が当期の実現した収益である。販売基準に従えば、一会計期間の収益は、財貨又は役務の移転に対する現金又は現金等価物（手形、売掛債権等）その他の資産の取得による対価の成立によって立証されたときのみに実現する。」とされており（総論、第一、二）、実現主義の下では、「財の引渡しまたは役務の提供の完了」と「対価の成立」の2つが収益認識のための要件であると理解されてきている。

この判決で言及されている原告提出の証拠（甲A172）は、日本公認会計士協会会計制度委員会研究報告第13号「我が国の収益認識に関する研究報告（中間報告）—IAS第18号「収益」に照らした考察—」（平成21年7月9日）であると推測されるところ（日本公認会計士協会の公表物が裁判において重要な証拠の1つとされていることを示している）、その【ケース57：授業料】では、まず、「「対価の成立」要件に関しては、受領した授業料について返還の義務を負っている場合には、授業料を返還することとなる可能性が低いことが合理的に見込まれない限り、「対価の成立」要件を満たしていると判断することは困難であり、授業料を返還することとなる可能性が低いと判断できるようになるまで収益を認識することはできないと考えられる」と指摘されている。他方、「「役務の提供の完了」要件に関しては、学習塾等が受領した授業料に対する役務の内容は、契約期間にわたり授業を行うことであると考えられるため、契約上一定の回数の授業を提供する義務を負っている場合には、契約上必要とされる授業をすべて実施するまでは、「役務の提供の完了」要件を満たしていないと考えられる。」とされ、例外的に、「受領した授業料のうち、既に開催した授業に対応する部分について返還義務を負わない場合や、契約上は返還義務を負う場合であっても過去の経験や業界慣行等に照らして返還することとなる可能性が低いことが合理的に見込まれる場合のように、各個別の授業の実施時点において当該授業について「役務の提供の完了」とそれに対する「対価の成立」という2つの収益認識要件を満たす」と「判断できる場合には、各授業の実施時点において対応する収益の認識を行うことになると考えられる。」とされている。

ところが、たとえば、控訴審判決は、「レッスンポイントを全額前払いとし、自由予約制により授業が提供されるノヴァの方式は、前記のいずれの方式とも異なるものであるから、前記記載「甲A172の記載―引用者」をもって、本件会計処理方式が企業会計原則に違反するとはいえない。」としており、本件会計処理方式が「役務の提供の完了」と「対価の成立」という要件の両方を満たしているかどうかについて判断していない。「企業会計において、一括前払いで受領した受講料をどの時点で収益として認識して計上するかという問題と、受講契約が中途解約された場合に受領済みの受講料についてどのように清算を行うかという問題とは、時点及び場面を異にするものであり、一方における処理方法が他方における処理方法を論理必然的に決定する性質のものではない」という判示は誤りではないが、返還しなければならない可能性のある部分については、「対価の成立」

という要件をいまだ満たしていないと評価せざるを得ないからである。X_1らの主張が適切でなかったのであろうが、裁判所に一般に公正妥当と認められる企業会計の基準ないし慣行の内容を理解してもらうことの難しさを示しているように思われる。

5 引当金の認識

平成18年改正前商法施行規則43条は「特定の支出又は損失に備えるための引当金は、その営業年度の費用又は損失とすることを相当とする額に限り、貸借対照表の負債の部に計上することができる」として、債務性を有しないが負債の部に計上することができる引当金を定めていた。通説によれば、この引当金は負債としての性格を有しないもの、すなわち法的債務ではないが[2]、将来の特定の支出または損失に備えるものであると考えられていた。そして、法的債務性を有するものを貸借対照表に全く反映させないことは、分配可能額算定の目的からは許容できないことはもちろんのこと、情報提供の観点からも認めがたく、合理的な見積りを行って計上することが、会社法上、求められると考えられてきた[3]。このように考えると、控訴審判決などが、売上返戻引当金の設定の問題として、取り扱ったことが適切なのかどうかという点は問題とされる余地がある。

もっとも、第1審判決が「平成18年3月末決算期より前は、解約清算金のデータは作成されていなかったのであるから、その見込額を算定することは困難であった」から、金額を合理的に見積もることはできなかった、したがって、引当金を計上しなかったとしても、企業会計原則に反して違法であるとまではいえないとした点は説得力を欠いている。適正な会計処理を行うために必要なデータを把握するシステムを構築することは作成者の義務であり、それを怠ったら引当金の認識を要しないというのであれば、引当金を認識したくなければ、データを把握しなければよいだけ（知らぬが仏）という奇妙な帰結になるからである。また、控訴審判決が監査人からの指摘の趣旨を解釈して、ノヴァの会計処理が違法とはいえないとしていることも、被告らに過失があったかどうかのレベルであればともかく、どのような会計処理が会社法の下で求められるかどうかのレベルで考慮すべきことではない点で当を得ていないように思われる。さらに、平成19年最判を前提とした場合、「過去5年間の平均解約率を採用することが直ちに不当不合理とは言い難い」という判断にも疑問が残るという見方もあり得る。もっとも、裁判所は、後知恵を避けようと努めており（この姿勢自体は正しい）、それが控訴審判決には反映されていると評価するのが適切かもしれない。

注

1 この法律の名称は、平成12年法律第120号による改正により「特定商取引に関する法律」に改められた。以下「特定商取引法」という。

2 大住達雄「商法における引当金の性格」税経通信22巻14号61頁（昭和42年）。

3 味村治「経理処理」『経営法学全集X　経理・税務』182-183頁（ダイヤモンド社、昭和43年）、吉永栄助＝飯野利夫監修『会社の計算　上』273頁［庄政志］（商事法務研究会、昭和49年）参照。また、江頭憲治郎『株式会社法［第7版］』661-662頁（有斐閣、平成29年）。

5 ＪＡＬ事件

――業界の慣習と収益の認識

①第1審（東京地判平成26・5・23。平成24年（ワ）第２４２１０号）
②控訴審（東京高判平成26・11・5。平成26年（ネ）第３３４２号）
③上告審（最三小決平成27・9・1。平成27年（オ）第２６２号、平成27年（受）第３２８号）（上告棄却・上告不受理）

1 事案の概要

株式会社日本航空（ＪＡＬ。平成14年10月から平成16年5月まで株式会社日本航空システム）の子会社である株式会社日本航空インターナショナル（ＪＡＬＩ）は、航空機メーカーから航空機を購入し、これをリース会社の出資により組成し、航空機の購入資金を金融機関からの借入れおよび投資家からの匿名組合出資などにより調達するＳＰＣ（ＪＡＬの連結財務諸表の連結の範囲外にあるもの）に対して売却し、その後、当該ＳＰＣからリースを受けるという日本型レバレッジド・リース取引（ＪＬＬ取引）と呼ばれる取引を行っていた。なお、ＪＡＬＩはリース物件となる航空機を購入するに当たり、航空機メーカー等から機材関連報奨（クレジット・メモ。航空機メーカーやエンジンメーカーから受領する金銭的な利益またはそれを通知する書面）を受領していた。そして、ＪＡＬは、平成15年３月期から平成17年３月期までの各連結財務諸表上、ＪＬＬ取引によりＪＡＬＩが調達した航空機に関し、リース資産やリース負債として計上せず、また、減価償却の対象ともせず、機材関連報奨を「機材関連報奨額」として営業外収益に計上し、リース料については、その支払時の費用として計上する会計処理（本件機材関連報奨処理）をしていた。ＪＡＬの会計監査人であったＹ監査法人は、このような営業外収益が計上された連結財務諸表について、無限定適正意見を表明した。

2　第1審判決

Ⅰ「企業会計審議会等が公表する会計基準に定めのない事項については、発行主体の財政状況・経営成績等の表示という目的に照らして公正妥当と認められる会計処理方法に従うべきであると解される…。…日本公認会計士協会が平成15年３月25日公表した監査基準委員会報告書第24号（中間報告）においても、…「…企業会計の基準には、監査対象の財務諸表に適用される会計基準、会計処理に関する指針及び一般に認められる会計実務慣行を含んでいる。」とされている」。

Ⅱ「航空機メーカーは、航空機やエンジン等の機材を販売する際、今後の航空機材、整備部品の購入、訓練研修などの購入対価に充てることが可能な機材関連報奨（クレジット・メモ）を付与することがあり、航空機メーカーにとっては、これを原資として新たな機材を購入するインセンティブを付与することができるため、航空会社を囲い込む営業戦略の一つとなっており、この機材関連報奨は当該航空機の支払に充てることもできるが、部品代金などの航空機メーカーに対するその他の支払にも充てることができるものであった。

　機材関連報奨額は航空運送業に固有の会計処理であり、その会計処理について明文化された基準の存在を認めることはできないが、旧ＪＡＬないしＪＡＬは、遅くとも昭和59年3月期以降、平成17年3月期まで、継続的にＪＬＬ取引を行い、機材関連報奨を営業外収益として、計上してきた。

　ＪＬＬ取引の基本的な仕組みは、航空会社が航空機メーカーより購入した航空機を、リース会社が組成する特別目的会社（ＳＰＣ）へ売却し、その後、同特別目的会社からリースを受けるというものである。そして、この取引においては、同特別目的会社は、航空機の購入資金を金融機関からの借入れ及び投資家からの匿名組合出資等によって調達するが、投資家はこの取引の仕組みを利用することによる税務上のメリット（すなわち、ＪＬＬ取引においては、特別目的会社は、リース期間の初期において、定額のリース料収入を上回る多額の費用（減価償却費及び支払利息）を計上することによって、先行して損失を計上することになるが、このようなリース取引にかかる特別目的会社の損益は、特別目的会社との間の匿名組合契約等に基づき、出資した投資家にその出資割合に応じて分配されることから、リース期間初期の損失が税務上は損金算入され、投資家において課税を繰り延べることが可能であり、しかも、特別目的会社は航空機の購入資金の一部を金融機関からの借入れによって調達することから、匿名組合出資等を行う投資家としては、特別目的会社が保有する航空機の取得原価に対して少額の投資（一般的には20パーセント程度）により、取得原価相当の損失を取り込むことができるとのメリットがあった。）を享受しうるので、特別目的会社は投資家から低いコストで購入資金を調達することができ、さらに、航空会社もより低いコストで航空機を調達することができるというように、投資家、特別目的会社、航空会社のそれぞれにとっての利点があった。また、航空機の調達価格においても、リース会社が航空機メーカーよりリースする航空機を直接購入する場合には、リース会社は航空機メーカーから定価で航空機を購入することになるのに対し、ＪＬＬ取引において、航空機メーカーとの交渉力と購買能力に長けるＪＡＬＩが、交渉力に欠ける特別目的会社であるリース会社と航空機メーカーとを仲介する場合には、ＪＡＬＩは、その購買力により機材関連報奨を航空機メーカーより受領することができ、ＪＡＬＩは、航空機メーカーから取得した航空機を建設仮勘定で経理し、航空機メーカーから取得した航空機を購入価額と同じカタログ価格（定価）で特別目的会社に譲渡していたことから、特別目的会社に対する譲渡による売却損益が生じなかった。そして、Ｙは、ＪＡＬから、ＪＬＬ取引に関して取得した機材につき本件機材関連報奨処理をした根拠として、上記のようにＪＬＬ取引において、ＪＡＬＩが航空機メーカーとリース会社（特別目的会社）とを仲介して航空機メーカーより航空機を購入すれば、ＪＡＬＩは、その購買力により、機材関連報奨を航空機メーカーより受領することができるとの側面を捉えれば、機材関連報奨は、ＪＡＬＩがその購買力に由来する利益獲得の機会をＪＬＬ取引において見出したことによって獲得した口銭的な利益と評価することができ、これを営業外収益として一時に計上したとの説明を受けた。また、機材関連報奨が営業外収益として計上されていることについては、有価証券報告書に含まれる財務諸表ないし連結財務諸表や会社四季報などによっても、公にされていた。…本件機材関連報奨処理と同様の処理は、同業他社であるａ社においては少なくとも昭和63年３月期から平成14年３月期まで、旧ＪＡＬと経営統合する前のｂ社においても少なくとも平成５年３月期から平成12年３月期まで、継続的に行われるとともに、このような報奨が営業外収益として計上されていることについても、有価証券報告書に含まれる財務諸表ないし連結財務諸表や日刊新聞などによっても公にされていた」。

Ⅲ「航空機メーカーから付与される機材関連報奨については、ＪＡＬＩがその購買力に由来する利益獲得の機会をＪＬＬ取引における航空機メーカーとリース会社との仲介によって見出すことにより獲得した口銭的な収益として評価可能なものであり、また、機材関連報奨を受領した時点では、航空機メーカー等に対する商社的行為の実施という役務提供の完了及びクレジット・メモの取得による対価の成立も認められるから、ＪＡＬＩが機材関連報奨を受領した時点でこれを収益として一時に認識することには、一定の合理性があるところ、このような処理は、競業他社においても、相当期間にわたって行われるとともに、いずれの処理についても、有価証券報告書や報道などによっても、公にされていたところであるから、ＪＬＬ取引についての本件機材関連報奨処理は、会計事象や取引について適用すべき会計基準等が明確でない場合に採用し得る会計処理の一つとして、公正妥当性を有するものであって、一般に認められる会計実務慣行として、我が国において一般に公正妥当と認められる企業会計の基準にしたがったものと認められることになる。…上記処理が一般に公正妥当性を有するものと認められることは上記認定のとおりであって、単なる業界内部の慣習にとどまるものとは認められない」。

Ⅳ「コンプライアンス委員会の調査報告書にも、機材関連報奨の会計処理について、いったん負債（前受収益）に計上しておき、機材の使用期間に応じてリース料から控除する方法が合理的であるとする記載部分があるが、他方においては、少なくともＪＡＬＩが当該会計処理を行っていた時点において、当該会計処理とは異なる会計処理を必ず採用しなければならないとの国内航空業界の会計慣行が形成されていたとまでは認めることはできないとする記載部分も存するとの事実が認められるところである。そして、一般に公正妥当と認められる企業会計の基準は複数存在し得る（最高裁平成5年11月25日判決・民集47巻9号5278頁、最高裁平成20年7月18日判決・刑集62巻7号2101頁）」。

3 控訴審判決

一部補正または付加した上で、第1審判決の「事実及び理由」中の第3「争点に対する判断」を引用した。主要なものとしては、第1に、上記Ⅱの後に「コンプライアンス調査委員会が平成22年8月26日にまとめた調査委員会報告書（コンプラ委員会報告書）においては、…「少なくともＪＡＬＩが当該会計処理を行っていた時点において、当該会計処理とは異なる会計処理を必ず採用しなければならないとの国内航空業界の会計慣行が形成されていたとまでは認めることができない。これらの事情や、クレジット・メモをめぐる会計処理の問題が事実の存否ではなく評価の問題であって、企業が従うべき公正な会計慣行が一定の幅のある概念であることなどを考慮すると、当該会計処理の採用によって、ＪＡＬが有価証券報告書に虚偽の記載をしたと断定することは困難である上、担当した会社役員らに虚偽の認識があったとも認められない。」としている（甲２）。」という判示を付加した。

第２に、上記Ⅲに対応する部分が「**法律および会計の専門家から構成されるコンプラ委員会報告書において、機材関連報奨額のに（原文ママ）関する会計処理については、リース会社に機材を売却したことによる利益として計上するのではなく、いったん負債（前受収益）に計上しておき、機材の使用期間（リース期間）に応じてリース料から控除する方法が合理的であるとの指摘がされているが、その一方では、同報告書において、国内航空業界の会計慣行や、クレジット・メモをめぐる会計処理の問題は評価の問題であること、企業が従うべき公正な会計慣行が一定の幅のある概念であること等を考慮し、当該会計処理の採用によって、ＪＡＬが有価証券報告書に虚偽の記載をしたと断定することは困難であると結論づけていることが認められるほか、このような会計処理は、競業他社においても、相当期間にわたって行われるとともに、いずれの処理についても有価証券報告書や報道などによっても公にされていたことが認められる。**これらの事情によると、ＪＬＬ取引についての本件機材関連報奨処理は、会計事象や取引について適用すべき会計基準等が明確でない場合に採用し得る会計処理の一つとして、公正妥当性を有するものであって、一般に認められる会計実務慣行として、我が国において一般に公正妥当と認められる企業会計の基準にしたがったものと認められることになる。…上記処理が一般に公正妥当性を有するものと認められることは上記認定のとおりであって、単なる業界内部の慣習にとどまるものとは認められない」（圏点を付した部分が補正された部分）とされた。

4 業界の慣習と一般に公正妥当と認められる企業会計の基準

機材関連報奨額[1]は、航空機を大量購入した際の値引額、新機種の購入を促すために航空機メーカーから支払われる旧機種退役支援金やエンジンメーカーからのエンジンの無償提供、航空機をリース契約した際の値引額等を内容とするものであり[2]、第1審判決で認定されているように、平成14年3月期まで（さらに一部分については平成17年3月期まで）[3]、a社（全日空）も機材関連報奨額を利益として認識していた。

金融商品取引法との関係では、内閣府令に別段の定めがない場合には、一般に公正妥当と認められる企業会計の基準に従うものとされているが（金融商品取引法193条の委任に基づく連結財務諸表規則1条1項など）、第1審判決（およびこれを引用する控訴審判決、以下、まとめて「本判決」という。）は、①ある会計処理に一定の合理性が認められること、②当該処理が、競業他社においても、相当期間にわたって行われていたことおよび、③当該処理は有価証券報告書や報道などによっても公にされていたことを根拠として、当該会計処理は、「会計事象や取引について適用すべき会計基準等が明確でない場合に採用し得る会計処理の一つとして、公正妥当性を有するものであって、一般に認められる会計実務慣行として、我が国において一般に公正妥当と認められる企業会計の基準にしたがったものと認められる」と判示した（上記Ⅲ）。

このような解釈は、日本公認会計士協会監査基準委員会報告書第24号（中間報告）「監査報告」の第11項が「企業会計の基準には、監査対象の財務諸表に適用される会計基準、会計処理に関連する指針及び一般に認められる会計実務慣行を含んでいる」（圏点―引用者）としていたことなどをふまえたもの（上記Ⅰ）と位置付けることができる。

平成17年改正前商法32条2項にいう「公正ナル会計慣行」について判断を示した従来の裁判例においても、業界における慣行を尊重する傾向は強く見受けられていた。たとえば、東京高判平成18・11・29判タ１２７５号２４５頁（長銀民事事件控訴審）は、「平成10年3月期の大手19行のうち、一審原告〔長銀―引用者〕を除く18行の将来の支援予定額について特定債務者支援引当金ないしは貸倒引当金を計上しなかったところは18行中14行であると指摘しており、特定債務者支援引当金を計上した銀行は4行にすぎなかった…、…銀行の関連ノンバンク向け貸出金については、多くの銀行において支援損を計上する以外には、特に個別の償却・引当を実施していなかったものといわざるを得ない。このように、多くの銀行（上記18行中14行）は、新基準に従って会計処理を行った旨表明しつつも、現実には厳格に新基準に依拠した上でその貸出金の償却・引当を実施していたわけではなかったのである。」として、「新基準は、平成10年3月期当時、「公正なる会計慣行」であったと認めることはできるが、従前から繰り返し行われていた公正なる会計慣行である旧基準を一義的明確に廃止するものとは認められないから、唯一の「公正なる会計慣行」であったとはいえず、本件の損害賠償責任の成否に係る違法性を決する法規範とはなり得ない」としていた。また、大阪地判平成19・４・13判時１９９４号94頁は、「税法基準による会計処理は、長銀のみならず他の金融機関や他業種の企業でも広く採用されていたのであり、早期是正措置の導入が行われるまでは、最も一般的かつ合理的運用であったと認められることから、一般的に広く会計上の習わしとして、反復継続して、相当の期間繰り返し行われていたということができる。まして、有税償却は、課税負担が増加し、償却に必要な資金が倍増することから、ほとんど行われることがなかったことも金融機関における一般的な会計処理であった」、「税法基準による会計処理が一般的であり、貸倒引当金の計上については、税法上定められている限度を超えて、無税償却したり、有税償却を行うような慣行があったものとは認められず、原告ら主張の新基準が当時の「公正なる会計慣行」であったことを認めることはできない」と判示している。

このような裁判例からは、慣行性が認められる場合には、公正性が事実上推定されるという考え方が採られているようであり、ある会計処理に「一定の合理性」が認められれば十分であるとした本判決は、従来の裁判例の流れに沿ったものといえそうである。最二小判平成20・7・18刑集62巻7号2101頁（本書5頁）において、長銀の決算処理は「企業の財務状態をできる限り客観的に表すべき企業会計の原則や企業の財務状態の透明性を確保することを目的とする証券取引法における企業会計の開示制度の観点から見れば、大きな問題があった」としつつも、古田佑紀裁判官が法廷意見に与したのは、税法基準の慣行性に着目したものである可能性が高いように思われる。

そして、何が「一般に公正妥当と認められる」のかは社会における理解によって定まる面があり、とりわけ、計算書類に反映させるべきか、注記すれば足りるのかということが会計基準設定上、問題となってきたことからも明らかなように、企業の財政状態および経営成績を適正に表示するためにどのような会計処理を「強制」すべきかは変遷してきている。裁判所は、慣行性が認められるのであれば、それは、利害関係者等から受け容れられてきたからにほかならないと暗黙のうちに想定しているのかもしれない(そして、このような捉え方には一理ある。)。

5 リース会計基準と機材関連報奨額

たしかに、企業会計審議会『企業会計原則と関連諸法令との調整に関する連続意見書第四』では、「購入代価は、送状価額から値引額、割戻額等を控除した金額とする」(第一、五、1)としており、JALIひいてはJALが行った会計処理は、これに違反しているのではないかという指摘がある。[4] しかし、国会における航空局長の答弁を踏まえると「値引額、割戻額」に当たるといえるのかが問題となる。また、連続意見書第四が『企業会計原則』などと同様の規範性を有するといえるかという点を別としても、連続意見書第四は業種などを問わない一般的な会計処理を定めており、業種に特有の事情を踏まえたものではないという点を見過ごすことはできない。すなわち、金融商品取引法(そして会社法)の下では、別記事業については他の企業とは異なる会計処理方法等が存在することを認識しており、そうであれば、企業の財政状態および経営成績を適正に表示するという目的から受け容れがたいというのでなければ、ある業種特有の会計処理方法が連続意見書第四に優先するということが十分に考えられるというのが本判決の立場であると推測される。

本判決は「競業他社においても、相当期間にわたって行われていたこと」および「当該処理は有価証券報告書や報道などによっても公にされていたこと」を指摘しているが、そのような場合には、財務諸表上の数値を利用することが可能であり、利用者の意思決定を誤導するおそれが低かった（したがって、少なくとも重要な虚偽記載とはいえない）と判断したとみることもできる。

また、平成20年3月期前には、企業会計審議会第一部会「リース取引に係る会計基準に関する意見書」（平成5年6月17日）の下で、所有権移転外ファイナンス・リースについてすら通常の賃貸借取引に係る方法に準じて会計処理を行うことができた（三、1、（2））ことからすれば、JALIはSPCに売却した時点で利益を計上でき、当該SPCは連結の範囲外であったのであれば消去されなかったと考えられる。そうであれば、機材関連報奨を営業外収益として計上することによって経営成績がことさらにかさ上げされていたというわけではないと評価する余地があった（セール・アンド・リースバックの会計処理の問題である）[5]といえるのかもしれない。

1 国会では「クレジットメモといいますのは、ボーイング社に対してのみ使用できるいわば商品券のようなものでございまして、現金化はできないわけでございますけれども、購入航空機の値引きあるいはボーイング社の部品の購入等に使用し得るものである」（第109回国会衆議院運輸委員会議録第1号（昭和62年7月28日）14頁〔山田隆英政府委員（運輸省航空局長）〕）と答弁されている。

2 山口不二夫「航空産業における固定資産会計の諸問題―リースと機材関連報奨額の会計処理」政経研究72号157頁以下（平成11年）。

3 「航空大手二社は2006年3月期から、航空機材などの購入に際して計上してきた利益を見直す。値引き分などを機材関連報奨額として経常利益に計上してきた処理をやめる。全日本空輸（9202）が全廃を決め、日本航空（9205）も10日に追随する。…航空会社は実際は、値引きなどを差し引いた価格をメーカーへ支払うが、値引き前の価格で資産計上している。この値引き分を機材関連報奨額として利益計上している。ANAは2003年3月期からリース調達する航空機について計上をやめており、来期からすべての設備へ対象を広げる。」（日経金融新聞平成17年3月10日7頁）。

4 たとえば、安達巧「JALの監査人の監査責任訴訟・控訴審判決について」會計189巻4号54頁（平成28年）。

5 コンプライアンス調査委員会「調査報告書（要旨）」〈https://www.jal.co.jp/other/100831_04.pdf〉の「機材関連報奨の会計処理について、いったん負債（前受収益）に計上しておき、機材の使用期間に応じてリース料から控除する方法が合理的である」という考え方は企業会計基準適用指針第16号「リース取引に関する会計基準の適用指針」（平成19年3月30日）の第49項および設例7で提示されている会計処理と整合的である。

6 ビックカメラ事件

――資産の認識の中止

①第１審（東京地判平成25・12・26金判１４５１号17頁）
②控訴審（東京高判平成26・４・24判時２２２０号１０９頁）
（上告・上告受理申立てはなされず、確定）

1 事案の概要

株式会社ビックカメラ（以下「B」という。）は、平成14年８月23日に、（1）信託銀行に対し、所有する池袋本店および本部ビルの各土地建物（本件対象不動産）を信託譲渡し、この信託譲渡に係る信託受益権（本件信託受益権）を有限会社Mに対し譲渡すること等を内容とする不動産の流動化（本件流動化）を実行し、本件信託受益権の譲渡を売却取引として会計処理した（本件オフバランス処理）。その後、平成19年10月に、Mから本件信託受益権を買い戻すことにより本件流動化を終了させ、Mに対し匿名組合出資をしていたため、Mから匿名組合清算配当金の支払を受け、これを平成20年２月中間期および平成20年８月期に、特別利益として計上し（本件利益計上。本件オフバランス処理と併せて、「本件会計処理」という。）、平成20年８月期の有価証券報告書等を提出した。ところが、平成20年12月に証券取引等監視委員会から行政指導を受けて、平成14年8月期に遡って本件信託受益権の譲渡を金融取引として認識し本件会計処理を取り消すこと等を内容とする過年度決算の自主訂正（本件決算訂正）を行い、平成21年2月20日、これを踏まえた上記有価証券報告書等の訂正報告書等を提出した。そして、金融庁長官により、上記有価証券報告書等に虚偽記載があったことなどを理由として、課徴金（本件課徴金）の納付命令を受けたので、これを納付した。

そこで、Bの株主であるXが、本件流動化の実行に係る会計処理等に係る任務懈怠を理由とする、当時取締役または監査役であったY_1ないしY_5に対する平成17年改正前商法266条1項5号に基づく損害賠償請求および本件流動化終了に係る会計処理等に係る任務懈怠を理由とする、当時取締役または監査役であったY_1およびY_3ないしY_8に対する会社法423条1項に基づく損害賠償請求などを主位的請求とし、また、本件課徴金の納付の意思決定をしたことに任務懈怠があったことを理由とする、当時取締役または監査役であったY_1およびY_3ないしY_8に対する会社法423条1項に基づく損害賠償請求を予備的請求として、代表訴訟を提起したのが本件である。

なお、Bは、本件流動化当時、商法特例法上の大会社であったが、証券取引法（当時）に基づく有価証券報告書提出義務は負っておらず、新規株式公開のために平成18年7月12日に初めて有価証券届出書を提出し、同年8月10日にJASDAQ証券取引所にその普通株式を上場した。

また、Y_2は、本件流動化当時、Bの代表取締役社長であり、その議決権を直接にまたは間接に100％保有していた（直接保有86％、Y_2が全株式を保有していた株式会社Kを通じた間接保有14％）。そして、Y_2は、TがMに対して優先匿名組合出資をするために金融機関4行から合計75億5

000万円の借入を行うに際して、①自己が保有するB株式および②10億5000万円のY2名義の定期預金に担保を設定した（本件担保提供）。この借入に際して、Bは、TがH銀行から優先匿名出資資金の借入れを行っていることを確認すること、BはTがH銀行からの借入金債務の履行が滞ることのないように、最大限の指導をすることを内容とするTの指導に関する確認書（本件確認書）を提出していた。また、②Y2名義の10億5000万円の定期預金の原資として、平成14年8月21日付けで、BからKに対して10億5000万円の短期貸付がなされ、さらに、KからY2への同額の短期貸付がなされた。

2 第1審判決

I「Y2は、本件流動化の実行当時、Bの代表取締役であったから、Bの「緊密な者」に該当するといえるところ、そのY2が本件出資によって実質的にTの全ての株式を保有するとともに、Tの資金調達額の総額の過半について本件担保提供を行っていたことに照らせば、BとTとの関係は、財務諸表等規則8条4項3号、2号ニに掲げる場合に該当し、形式的には、TがBの子会社に該当するとも考えられる。

そこで、BがTの「意思決定機関を支配していないことが明らかであると認められる会社」（同規則4項柱書但書）に該当するか否かを検討するに、前記のとおり、本件流動化の実行当時、Y2は、Bの代表取締役であるとともに、Bの株式の全てを実質的に保有する株主であったから、Y2がBの意思決定機関を完全に支配していたものと認められる一方、BがY2の意思決定を支配するという関係にはなかったものと認められるから、結局、BがY_2を通じてTの意思決定機関を支配することはなかったものということができる。

そうすると、Bは、Tにとって「意思決定機関を支配していないことが明らかであると認められる会社」（同項柱書但書）に該当するという余地も十分にあると考えられるから、本件流動化の実行当時において、TがBの子会社に該当するものと断定することはできないというべきである。

なお、この点につき、Xは、本件流動化の実行当時、Bの代表取締役であり、かつ、Bの株式の全てを実質的に保有する株主であったY_2が、Tの株式の全てを実質的に保有する株主であった以上、Bの議決権行使の意思は、Y_2の議決権行使の意思と同一となり、BがTを支配していることは明らかであるから、TはBの子会社に該当する旨主張する。しかしながら、Y_2とBの議決権行使の意思が結果的に同一になるとしても、それは、Y_2がBを支配していることによるものであって、BがY_2を支配していることによるものとはいえないから、結局、BがY_2を通じてTを支配しているということはできない。」

Ⅱ「流動化実務指針第40項なお書きが、譲渡人の親会社の子会社がリスクを負担する場合には、当該リスクは含めないで算定するとしている趣旨は、かかる場合には、当該子会社が負担するリスクを最終的に負担するのは当該親会社であり、譲渡人がかかるリスクを負担することにはならないため、実質的にリスクの移転の有無を判断するに当たっては、当該リスクを譲渡人が負担するリスクに含める必要はないとの考え方に基づくものと解される。

そうすると、仮に、TがBの子会社に該当するとしても、本件流動化の実行当時、B及びTの全ての株式を実質的に保有していたY_2は、Ｂ及びＴの親会社類似の立場にあり、Ｔが負担するリスクは、実質的な出資者であるY_2が最終的に負担することとなり、Ｂがかかるリスクを負担するものではないから、流動化実務指針第40項なお書きの上記趣旨に照らし、Ｔが負担するリスクをＢが負担するリスクに加算しないことも、流動化実務指針上、許容されているものと考えられる。…Ｔが負担するリスクをＢが負担するリスクに加算しないという見解によれば、…Ｂのリスク負担割合は、本件対象不動産の価格（２９０億円）の「概ね５％の範囲内」となるから、本件オフバランス処理は、流動化実務指針には反しないこととなる。そして、西村あさひ法律事務所の弁護士・公認会計士が本件出資の事実及び本件担保提供の事実を前提としても本件オフバランス処理が認められるとの意見を述べ…、あずさ監査法人も本件出資の事実及び本件担保提供の事実を前提として平成20年8月期の連結財務諸表及び財務諸表につき適正意見を表明している…など、複数の専門家からも本件オフバランス処理が適法であるとの見解が示されていることからすれば、かかる見解は、当時の専門家の間でも相応の正当性が認められるものとして受け入れられていたものといえる。

…本件担保提供に係る定期預金10億５０００万円に係るＢ、Ｋ及びY_2の消費貸借関係は平成17年には全て清算されていることに加え、Y_2がＢの株式の全てを実質的に保有する株主であったこと等からY_2には10億５０００万円を返済する能力があったといえることに照らせば、同消費貸借関係は、一時的なものであったと認めるのが相当である上、Ｔが破綻した場合に担保喪失のリスクを負っているのは飽くまで担保提供者であるY_2個人であり、Ｔが破綻した場合にＢがＫから上記10億５００0万円を回収することができなかったことを認めるに足りる証拠はないから、ＢがＴに対して実質的に担保を提供したと評価することはできない。また、Bが差し入れたという…確認書の内容は明らかではないし、これによって保証類似の効力が発生することを認めることもできないから、BがTと同額の経済的リスクを負っていると評価することもできない」。「本件流動化を金融取引として処理することを内容とする本件有価証券報告書等の訂正報告書及び訂正届出書を提出し、本件課徴金の納付命令に一切の異をとどめず、本件課徴金を納付したというようなBの各行動は、」「上場廃止を回避し、本件決算訂正をめぐる問題を収束させるために経営上の判断として行われたものであることは前記認定のとおりであり、Bが法律上の判断としても本件会計処理の違法性を認めたものとはいえない。また、そもそも本件会計処理の適法性は、最終的には、本件流動化の内容、仕組み等から客観的に判断されるべきものであって、Bが違法性を認める行動を取っていたか否かによって判断が左右されるものでもないから、いずれにしても原告の主張には理由がない。…以上によれば、流動化実務指針がBにとって唯一の公正な会計慣行であったか否かにかかわらず、本件オフバランス処理が流動化実務指針に反する違法なものであったと認めることはできず、また、これを前提とする本件利益計上も違法であったものと認めることはできない。」

3 控訴審判決

一部補正した上で、第1審判決を引用したが、会計処理に関する主要な補正は以下の2点である。

「(1) 原判決50頁12行目から15行目までを次のとおり改める。

「(6) 以上に加え、東京国税局が、本件流動化の実行が売却処理と認められないのではないかとの疑問を持ち調査を行ったが、最終的には特に問題とすることもなく調査が終了し、また、弁護士及び公認会計士に確認したところ、本件信託譲渡を売買取引であるとし、本件利益計上を相当とするとの意見を得られたことからすれば、本件オフバランス処理が流動化実務指針に反するものでなかったとすることや、これを前提とする本件利益計上をすることについて相当の根拠が認められるので、これを違法とすることはできない。」

（2） 原判決50頁20行目末尾の次に改行して次のとおり加える。

「また、流動化実務指針の子会社の解釈につき異なる見解が対立し、実務上の取扱いも分かれており、TがBの子会社に当たるか否かについてもそのいずれの見解にも相当の根拠が認められる場合に、取締役又は監査役がその一方の見解を正当と解しこれに立脚して職務を行ったときは、後にその職務執行が違法と判断されたからといって、直ちに上記取締役又は監査役に過失があったものとすることは相当ではないと解すべきである（最高裁昭和46年6月24日第一小法廷判決・民集25巻4号574頁参照）。そして、前判示のとおり、本件オフバランス処理が流動化実務指針に反するものでなかったとすることや、これを前提とする本件利益計上をすることについて相当の根拠が認められるのであるから、本件流動化の実行についてY_2に過失があったとは認められない。したがって、この点から見てもXの主張は採用することができない。」」

4 意思決定機関を支配していないことが明らかであると認められる会社

第1審判決および控訴審判決（以下「本判決」という。）は、会計のルールについて、詳細に解釈を行った数少ない裁判例であり、しかも、財務諸表等規則8条4項柱書ただし書きにいう「財務上又は営業上若しくは事業上の関係からみて他の会社等の意思決定機関を支配していないことが明らかであると認められる会社等」についての解釈を示した点で意義を有する。

本件においては、Y_2はTの発行済株式全部を保有するとともに、Bの発行済株式をも実質的に100%保有する株主であり、Y_2がBの意思決定機関を支配していたから、Tを実質的に支配していたのはY_2個人でありBではない。すなわち、Y_2がTの意思決定を支配するに当たって、BがY_2の意思決定を支配したり、Y_2の意思決定に重要な影響を与えるという関係にはなく、BがY_2を介してTの意思決定機関を支配するという関係は存在していなかった。そもそも、たとえば、複数の株式会社がある自然人による共通支配下にあり、当該自然人がそれらの会社の（代表）取締役であるような場合に、財務諸表等規則8条4項を形式的に適用し、同項柱書ただし書きの適用がないとして、一方の会社が他方の会社の子会社にあたると解すると、きわめて奇妙な帰結が導かれることになる。すなわち、本件において、Y_2が、Tの役員も兼任し、Bの借入れの過半につき連帯保証をしていたという事実があったとすると、BはTの子会社であるということになってしまったはずである。しかし、BとTが相互に他方の会社の子会社になるという帰結は明らかに不合理である。

5 BのY_2に対する貸付けとH銀行に対する確認書の差入れ

日本公認会計士協会の「『連結財務諸表における子会社及び関連会社の範囲の決定に関する監査上の取扱い』に関するQ&A」[1]では、Q10(1)（財務諸表提出会社の役員が議決権の過半数を所有する会社は、財務諸表提出会社の子会社に該当することとなりますか）に対する回答として、「財務諸表提出会社の役員が議決権の過半数を所有する会社」（A社）が破たんしたときに役員Xが損失を実質的に負担する（財務諸表提出会社（P社）は議決権の所有割合を超えて損失を負担しない）こととなっている場合には、A社はP社の子会社に該当しないものと考えられるとされている。

本判決は、BはTの破綻リスクを負担していなかったと認定している。たしかに、本件確認書が存在する以上、BはTの破綻リスクを負担する余地があるのではないかという見方もありえなかったわけではなかろうが、本件確認書と同様のきわめて抽象的な文言を含む確認書のみを根拠として、債権者の請求を認めた公表裁判例は、知られている限り、存在しない。[2] したがって、本件確認書のみを根拠として、BがTに対する投資割合を超えたリスク負担をする余地があったとは評価できないとされたものと推測される（日本公認会計士協会監査委員会報告第61号「債務保証及び保証類似行為の会計処理及び表示に関する監査上の取扱い」（平成11年2月22日）も参照）。また、Kを通じてY_2にBから貸付けがなされ、それを原資とした定期預金に本件流動化に係る借入れのための担保設定がなされたという点についても、Y_2がBに返済をする能力と意思を有していたか[3]という点を中心として実質的に判断し、Y_2がBに返済をする能力と意思を有していたと認定されており、Bが（投資割合を超えて）Tに係る損失のリスクを負担していることにはならないと判断されたものと考えられる。

6 流動化実務指針とオフバランス処理の可否

日本公認会計士協会会計制度委員会報告第15号「特別目的会社を活用した不動産の流動化に係る譲渡人の会計処理に関する実務指針」（平成12年7月31日）（流動化実務指針）[4]は、子会社・関連会社の社のリスク負担は譲渡人のリスク負担割合に加えるとする（第16項）一方で、第3項では「リスク・経済価値アプローチによって判断することが妥当である」としていた。したがって、リスク・経済価値アプローチの考え方に沿うように、第12項以下の規定は解釈されなければならないが、本判決は、この点を念頭において、第40項なお書きを適用するというアプローチを採用したものということができる。BとTは、本件流動化当時、Y_2が議決権を100％保有する会社同士であり、実質的にはY_2の下での兄弟会社の関係にあった。企業会計基準委員会「企業会計基準第21号 企業結合に関する会計基準」（かつての企業会計審議会「企業結合に係る会計基準」）における「共通支配下の取引」の定義（第16項）では、支配する株主が会社等の法人であるか自然人であるかによって差異を認めていない。流動化実務指針の第40項なお書きの合理性を説明しようとすれば、兄弟会社間では、通常は、リスクは波及しないので、[5] 注意的に定めたとでも説明することになろうから、実質的に考えても、支配株主が法人であるか自然人であるかによっては異ならないことになる。そうであれば、本件の事実関係の下では、第40項なお書きが妥当するという本判決には説得力があろう。

会計処理の適法性は、最終的には客観的に判断されるべきものであり、課徴金納付命令に異議をとどめなかったことなどによって影響を受けるものではないこと、他方で、経営上の判断として、課徴金納付を行うことが許容される場合があることを指摘した点で本判決は意義を有する（大阪地判平成24・9・28判時2169号104頁も同趣旨）。また、控訴審判決は、相当の根拠がある複数の異なる見解が対立しているような場合に、取締役または監査役がその一方の見解を正当と解しこれに立脚して職務を行ったときは、後にその職務執行が違法と判断されたからといって、直ちにその取締役または監査役に過失があったものとすることは相当ではないと判示しており注目に値する。[6]

7 取締役等の任務懈怠

注

1 「Q&A」などは、財務諸表等規則8条4項柱書ただし書きにあたる場合を「例示」しているに過ぎないから、「Q&A」などにおいて明示的に言及されている類型にはあたらないことをもって、財務諸表等規則8条4項柱書ただし書きにあたらないという結論が導かれるわけでもない。

2 森下哲朗〈判批〉ジュリスト1235号94－97頁（平成14年）、同「経営指導念書の将来」ジュリスト1230号88－96頁（平成14年）、吉岡伸一「「経営指導念書」の効力をめぐる事例研究」銀行実務499号61－65頁（平成12年）なども参照。

3 最判昭和42・12・14刑集21巻10号1369頁。また、最判平成17・12・13判時1919号176頁参照。

4 金融庁によって明示的に認知されていたわけでもなく、企業会計審議会の意見書における委任に基づくものでもなかったことに鑑みると、流動化実務指針が証券取引法（当時）上の「一般に公正妥当と認められる企業会計の基準」にあたる余地は十分にあるものの、その規範としての強さが金融庁の事務ガイドラインによって認知されている企業会計基準より強いということは考えにくかった。したがって、会計制度委員会報告第15号が、当然に、唯一の「一般に公正妥当と認められる企業会計の基準」であると解することはできなかった。また、本件流動化当時には、Bは有価証券報告書提出会社ではなかったことに鑑みると、Bが流動化実務指針に従わなければならないと解する根拠は十分とはいえず、商法会計上広く受け入れられていた、法的形式に着目した会計処理（売買処理）によることが認められると解すべきであるという見方も十分にあり得た。Bが本件不動産をその資産として認識することを中止することが、本件流動化時点において、商法および商法施行規則の下では適法であったとすれば、その後に、Bがその株式を公開したとしても、遡って、本件取引を金融取引と位置付ける必要はなかったのではないかと思われる。

5　流動化実務指針第15項は、リスク負担の金額は「流動化した不動産がその価値のすべてを失った場合に譲渡人に生ずる損失」に基づいて算定するとしており、譲渡人が子会社または関連会社に対して投資や融資を行っていない場合には、子会社または関連会社が負担するリスク割合を合算する必要はないと解さないと、流動化実務指針の中で矛盾が生ずることになる。本件では、本件不動産がその価値のすべてを失い、Tの匿名組合出資持分の経済価値がゼロになっても、Tに出資および担保提供をしていたY_2に損失が生じるだけであり、Bには本件不動産に係る損失は生じないのであれば、Tのリスク負担割合をBにおいて合算する必要はないと解すべきことになる。

6　最判昭和46・6・24民集25巻4号574頁が参照されているが、この判決は公務員に過失があったかどうかについて判断を示したものである。

7 三洋電機事件
——関係会社株式の減損

①第1審（大阪地判平成24・9・28。判時2169号104頁）
②控訴審（大阪高判平成25・12・26。平成24年（ネ）第3286号）
③上告審（最二小決平成27・3・27。平成26年（受）第684号）（上告不受理）

1 事案の概要

三洋電機株式会社（有価証券報告書提出会社）は、平成19年12月25日に、関係会社株式減損の認識、関係会社に対する貸倒引当金および関係会社損失引当金の計上（以下、まとめて「本件減損処理等」という。）を金融商品会計基準等に準拠して行っていなかったことを理由に、平成13年3月期から平成19年9月中間期までの決算短信および中間決算短信ならびに平成15年3月期から平成19年3月期までの有価証券報告書および半期報告書の訂正を行った（本件訂正）。証券取引等監視委員会による課徴金納付命令発出勧告に対し、三洋電機は提出した平成17年9月中間期の半期報告書の重要な事項に虚偽の記載があるものであったことを認め、課徴金を納付した。

そこで、三洋電機の株主であるXが、本件減損処理等は公正な会計慣行に反しており、平成14年9月中間期から平成18年9月中間期までに行われた配当（本件配当）は配当可能利益がないのになされた違法配当であると主張して、三洋電機の取締役および監査役であったYらに対し、平成17年改正前商法（以下「旧商法」という。）266条1項1号に基づく弁済または同法266条1項5号もしくは277条に基づく損害賠償を求めて、三洋電機を代表して訴えを提起したのが本件である。

2　第1審判決

「旧商法32条2項の…「会計慣行」とは、民法92条における「事実たる慣習」と同義に解すべきであり、一般的に広く会計上のならわしとして相当の時間繰り返して行われている企業会計の処理に関する具体的な基準や処理方法をいう。…旧商法32条2項が「会計基準」という用語ではなく「会計慣行」という文言を用いて、立法作用によらずに企業会計の基準を変更し得ることを容認した趣旨からすると、企業会計の実務の実際の動向を考慮することが当然の前提となる。「慣行」という以上、広く会計上のならわしとして相当の時間繰り返して行われていることが必要であり、その内容が合理的なものであっても、そのことだけで直ちに「会計慣行」になるものではない。

もっとも、旧商法32条2項が、会計慣行の斟酌を命じることにより、企業会計の実務の発展に法が適時に対応することを容認している趣旨に照らすならば、ある会計基準の指示する特定の会計処理方法が、その基準時点とされる時点以後、ある業種の商人の実務において広く反復継続して実施されることがほぼ確実であると認められるときには、例外的にその会計処理方法が同条項にいう「会計慣行」に該当する場合があると解される」。

「平成13年3月期の時点で、回復可能性を判断する一義的な基準は会計慣行として確立していなかった」。「回復可能性とは、将来の不確実な事象に関し、財務諸表作成時に入手可能な情報に基づいてする予測である。したがって、株式の実質価額の回復可能性の判断については、当該会社の事業内容、規模、性質、業態のほか、それらに基づいて策定される事業計画・方針など経営判断事項の影響を避けて通れないということができる。…中でも、子会社株式の価格の回復可能性というものは、将来的に親会社が当該子会社を含めたグループ全体をどのように経営していくか、親会社グループ内での当該子会社の位置づけや親会社の支援方針という親会社の経営判断の影響を強く受ける。そうすると、回復可能性の有無は、判断基準が一義的に会計慣行として確立されていない状況の下では、上記の諸般の事情を総合考慮して判断せざるを得ない。その判断を最もよくなし得るのは、当該会社について精通し、経営の専門家である親会社及び子会社の経営者に外ならない。

他方、経営者は、様々な事情により当該会社の資産状況について実態以上に良好であるとの外観を作出しようと恣意的な判断に流れる危険性があることも事実である。そこで、回復可能性の有無については、基本的には経営者の判断を尊重すべきであるが、これを無限定に採用するのではなく、その判断に合理性があったかどうかという観点から判断されるべきである。そして、回復可能性の判断の合理性を判断するに当たっては、親会社・子会社の規模、各事業内容や業態、事業計画の内容、事業計画策定の基礎資料の有無・内容、子会社関係会社を含めた事業方針など回復可能性の判断過程において考慮されるべき諸事情を総合考慮して決すべきである。」「回復可能性は、…将来の不確実な事象についての予測であり、それ自体、経営者の経営判断の影響を強く受ける。したがって、その判断に当たっては、経営者の判断過程や判断内容等に合理性があるかという観点を無視できないはずである。そもそも、回復可能性は、会計上の見積りの一態様であって、それ自体、監査実務上、経営者の行った見積りの合理性の有無という観点から判断され、ある程度の許容範囲も認められていたのである…。さらに、回復可能性の判断について、まず、事業計画実施前に合理的な説明が付けられているかを検討し、事後的に判断が合理的だったか見直すという経営者の判断の合理性という観点から検討する見解もあった…。このような当時の実務の状況からすれば、回復可能性の判断については、これに関する経営者の判断の合理性の有無という観点から決するのが相当である。」

「平成14年改正前商法287条の2…の規定ぶりからすれば、関係会社損失引当金の計上は、各会社に委ねられており、義務付けられていると解することはできない。したがって、関係会社損失引当金を計上しなかったことは、同法287条の2に違反するものではない。…「計上スルコトヲ得」という文言は、会計慣行を斟酌するまでもなく任意的裁量規定であることは明らかである」。

3 控訴審判決

「市場価格のない株式について、①明文の規定はないものの、また、「公正ナル会計慣行」あるいは「一般に公正妥当と認められる」企業会計原則であるかはともかく、後に認定するとおり、従前から一般に行われていたように「相当の期間内に取得価額まで回復する見込みがあるか否か」を判断し、このような見込みがあれば評価減を行わないという取扱い（日本公認会計士協会監査委員会報告第22号（昭和51年3月9日公表））を行う場合における「回復見込み」と、②事業に将来性を見込むことができるか否か（見込みがなければ事業主体の清算又は売却を検討することになる。）を判断する場合における「将来性」の判断は自ずから異なる。…企業会計における「会計上の見積もり」は保守的に行わなければならず（企業会計原則第一の六）、これを怠れば任務懈怠責任を問われることになる」。「金融商品会計基準が平成11年1月22日に作成されたことに伴い平成12年1月31日に公表され、金融商品会計基準において同基準の適用に当たって「参照する必要がある」とされた実務指針は、公認会計士に対し、「市場価格のない株式の実質価額が著しく低下したとき」とは「少なくとも株式の実質価額が取得原価と比べて50％程度以上低下した場合」をいうこと、明文の規定はないものの「期末において相当の減額をしないことも認められる」ためには「回復可能性が十分な証拠によって裏付けられる」必要があることを明らかにしていたのであるから（日本公認会計士協会監査委員会報告第22号も、これとおおむね同旨をいうものと解される。）、三洋電機においても、平成13年3月期から平成17年3月期までの間、旧商法に基づく会計処理をするに当たっては、関係会社の「市場価格のない株式」については、上記基準及び指針に従って会計処理をすることが強制されていた。ところが、…三洋電機は、評価減の検討対象会社を関係会社のごく一部に絞り、かつ、5か年累損解消計画を作成して、同計画が、作成当初より既に、3か年の事業計画（期間計画）からも大きくかい離しているにもかかわらず、5か年累損解消計画による5年後の累損解消不足額のみ（平成13年3月期）又は5か年累損解消計画と実績額との差額（翌期以降）しか減損処理をしなかった（三洋減損ルール）。そして、平成13年3月期から平成17年3月期までについても、時価純資産価額が著しく低下した関係会社株式について、株式の実質価額の「回復見込み」を検討していれば、法の定める強制評価減を行わない余地があったが、三洋電機ではそのような検討をしていなかった。」

「法文上無過失責任であることを示す文言が見当たらないことに加え、…他ノ取締役ニ対シ金銭ノ貸付ヲ為シタルトキ…及び…取締役と会社との利益相反取引…ヲ為シタルトキ…のように、取締役と会社との間に定型的な利害対立状況が生じて、忠実義務違反が問われる場面ではなく、一般的な責任原因規定である…法令又ハ定款ニ違反スル行為ヲ為シタルトキ…と同様、善管注意義務違反が問われる場面であり、しかも、配当可能利益の算定（そして、その前提となる資産評価、経理処置等）は、会計に関する専門的知見を要し、過失がないことが証明されたときまで責任を問うことは酷に過ぎることからすれば、旧商法266条1項1号…による取締役の責任については、過失がないことが証明されたときには、その責めを免れるものと解するのが相当である。」

4 会計基準と「公正ナル会計慣行」

たとえば、東京地判平成17・5・19判時1900号3頁は、「『会計慣行』の意義・内容については、その文言に照らし、民法92条における「事実たる慣習」と同義に解すべきであり、一般的に広く会計上のならわしとして相当の時間繰り返して行われている企業会計の処理に関する具体的な基準あるいは処理方法をいうと解すべきである。言い換えると、企業会計の処理に関する具体的な基準あるいは処理方法が、少なくともわが国の特定の業種に属する企業において広く行われていることが必要であり、また、相当の時間繰り返して行われていることが必要と解すべきである」としていたが、[1] 東京高判平成18・11・29判タ1275号245頁は、「ある会計基準の指示する特定の会計処理方法が、その基準時点とされる時点以後、ある業種の商人の実務において広く反復継続して実施されることがほぼ確実であると認められるときには、例外的に、その会計処理方法が同条項［旧商法32条2項］にいう「会計慣行」に該当する場合があると解される」と判示しており、本判決は後者の見解に沿ったものである。[2] 学説上、[3]「会計の慣行」とは、「既に行われている事実に限らず、新しい合理的な慣行が生まれようとしている場合には、それも含む」という見解が1990年代以降は有力になっていたし、[4] 現在では少なくとも多数説または通説であるといってよいであろう。[5][6]

また、会社法の下では、「一般に公正妥当と認められる企業会計の基準」であれば、「企業会計の慣行」にはあたるという考え方がとられていると解される（会社計算規則3条参照）。平成17年会社法の立案担当者も、「比較的整備が進みつつある有価証券報告書提出会社向けの会計基準が「企業会計の慣行」に含まれることは従来どおりである」と説明していた。[7]

もっとも、日本公認会計士協会が策定した実務指針が唯一の「一般に公正妥当と認められる企業会計の基準」（旧商法32条2項にいう「公正ナル会計慣行」）にあたるのかという問題はある。控訴審判決は、金融商品会計に関する「実務指針は、公認会計士に対し「期末において相当の減額をしないことも認められる」ためには「回復可能性が十分な証拠によって裏付けられる」必要があることを明らかにしていたのであるから（日本公認会計士協会監査委員会報告第22号も、これとおおむね同旨をいうものと解される。）、三洋電機においても、…指針に従って会計処理をすることが強制されていた」（圏点―引用者）としているが、公認会計士にとっての規範が当然に作成者にとっての規範となるという解釈には論理の飛躍がある。[8] もっとも、金融商品会計実務指針は、企業会計審議会からの委任に基づいて策定されたものであるから、作成者にとっても「一般に公正妥当と認められる企業会計の基準」であったという点では、「強制されていた」といってよいのだろう。

とはいえ、最二小判平成20・7・18刑集62巻7号2101頁（本書5頁）をふまえると、関係会社株式減損・貸倒引当金の認識についての本件当時の慣行はどのようなものであったのか、金融商品会計実務指針を――かりに、当時の慣行と異なるのだとすれば――唯一の「一般に公正妥当と認められる企業会計の基準」といってよかったのかが検討されるべきであったともいえそうである。

5 保守主義の原則

控訴審判決は、『企業会計原則』が定める保守主義の原則を1つの根拠として、三洋電機の会計処理は違法であったとの判断を示したものといえそうである。たしかに、『商法と企業会計の調整に関する研究会報告書』では、一般論として「企業会計原則は、「公正ナル会計慣行」の中心をなすものと解されている」と指摘されているものの、保守主義の原則を理由として、ある会計処理方法が旧商法の下で許容されないとした裁判例はみあたらず、めずらしいものである。そもそも、商法の観点からは、『企業会計原則』に対しては臨時巨額の損失の繰延べを認めるなど、各論としては保守主義という発想によっていないのではないかという批判があったところであり、また、損失をできるだけ早く認識することが保守主義の原則から求められるのであれば、取得原価主義を基調とする『企業会計原則』はこれと抵触する面を有するし、引当金の計上に関する注解注18も「発生の可能性が高い」、「金額を合理的に見積もることができる」という要件の解釈とあいまって、損失の認識を先延ばしする効果を有している。このように考えると、『企業会計原則』が保守主義の原則を解釈指針や明文の規定がないときの補充規範として位置付けているとはいえないようにも思われるし、保守主義の原則から求められる会計処理は一義的には定まらないというべきであろう。そうであれば、保守主義の原則は裁判規範としての明確性を有しないということになりそうである。

6　関係会社株式減損・貸倒引当金の認識

第1審判決は、回復可能性は、「将来の不確実な事象についての予測であり、それ自体、経営者の経営判断の影響を強く受ける」から、「その判断に当たっては、経営者の判断過程や判断内容等に合理性があるかという観点を無視できない」とし、「回復可能性の判断については、これに関する経営者の判断の合理性の有無という観点から決するのが相当である。」としたうえで、「回復可能性の判断が不合理であったとまでいうことはできない」または「取得価格の少なくとも70％程度までは容易に実質価額の回復を図ることが可能であったと考えられる」として、「三洋電機の会計処理が…直ちに金融商品会計基準等に準拠していないとか、公正なる会計慣行に反しているなどということはできない」とした。このような予測や見積りについての経営者の判断の合理性は、いわゆる日本版経営判断原則[9]と同様、予測・見積もりの前提となった事実の調査、情報収集、分析・検討に特に不注意・不合理な点があるか、そのような事実認識に基づく予測・見積りの推論過程および内容に著しい不合理さがあるかという観点から評価するのが穏当なのではないかと思われる。

控訴審判決は、第1審判決のこのような一般論の当否に言及することなく、強制評価減（減損）の要否のメルクマールとなる「回復見込み」と、事業に将来性を見込むことができるか否か（将来性）の判断とは異なると指摘した（この指摘は的を射ている）うえで、三洋電機においては、回復見込みを検討していなかったと事実認定した。この事実認定を所与とする限り、実質価額の著しい下落があるにもかかわらず、評価減をしなかったことが「一般に公正妥当と認められる企業会計の基準」ないし「公正ナル会計慣行」に沿ったものではないとされるのはやむを得ない面がある。旧商法もしくは当時の商法施行規則または企業会計原則においても、回復可能性の有無により減損認識（評価減）の要否が定まることは想定されてきたからである[10]。

7 関係会社損失引当金

第1審判決は、平成14年改正前商法287条ノ2（平成18年改正前商法施行規則43条）の文言、当該条項が定める引当金は法的債務性のないものであることに鑑みると自然な解釈を示したものといえる（控訴審判決ではこの点についての判断は示されていない）。ただし、「計上することができる」とは、法的債務ではないにもかかわらず負債の部に計上することが認められる趣旨であると解することもできたし、『商法と企業会計の調整に関する研究会報告書』のアプローチからすれば、「公正ナル会計慣行」により計上が要求される限り、旧商法上も計上が義務付けられると解することになりそうであった（この見解によっても、裁判例の傾向からは、本件の場合には、企業会計原則注解注18にいう「発生の可能性が高い」あるいは「合理的に見積もることができる」という要件をみたさず、計上は義務付けられていなかったという見方も十分にありえた[11]）。

他方、平成17年会社法の下では、平成14年改正前商法287条ノ2に相当する規定が設けられていないため、「一般に公正妥当と認められる企業会計の慣行」に従って、引当金の認識の要否は判断されることになる。

8 違法配当と取締役の責任

本判決より前の下級審裁判例[12]は、旧商法266条1項1号の責任（弁済責任）は無過失責任であるとしており、通説[13]といってもよかった。このような中で、本件控訴審判決は、有力説に沿って、過失責任であるという解釈を示した。[14] なお、平成17年会社法は、明文で、分配可能額を超えた剰余金の配当に係る取締役等の支払義務は過失責任であると位置付けており（462条2項）、本件において、上告不受理とされた背景にはこの点もあったのかもしれない（控訴審判決の判断を覆しても、それは将来の裁判例に影響を与えない）。

注

1 昭和49年改正後は、このような見解が通説的見解であった（大隅健一郎『商法総則〔新版〕』219頁（有斐閣、昭和53年）参照）。

2 もっとも、東京高判平成18・11・29は、「従前の慣行に従った会計処理を廃止し例外的な取扱いを許容しないことが一義的に明確であるとは認め難いもの」、「そうした一義的明確性に欠けるものは、なお〔平成17年改正前〕商法32条2項が斟酌すべきものと定める法規範性を帯有した会計慣行としての成熟性に欠けるものであり、換言すれば、従前の慣行を廃止した結果である唯一の会計慣行には未だ成り得ていないものと解するのが相当」であるとしていた。

3 本判決は、金融商品会計基準および金融商品会計実務指針については、例外的に慣行性を認めてよいとしている。

4 鈴木竹雄＝竹内昭夫『会社法〔第3版〕』329-330頁（有斐閣、平成6年）。

5 『商法と企業会計の調整に関する研究会報告書』（平成10年）は、「企業会計上税効果会計が採用され、繰延税金資産及び繰延税金負債の資産性・負債性が明らかにされた場合には、…公開会社については商法上も税効果会計の適用が強制されると解することが適当と考えられる」とするが、このような解釈を暗黙の前提としていると評価せざるを得ない。

6 また、岸田雅雄「公正な会計慣行」岩原紳作＝小松岳志（編）『会社法施行5年　理論と実務の現状と課題』199頁（有斐閣、平成23年）参照。

7 相澤哲＝郡谷大輔＝和久友子「会計帳簿」商事法務1764号14頁（平成18年）。

8 宇都宮地判平成23年12月21日判時2140号88頁およびその控訴審判決である東京高判平成26年9月19日（平成24年（ネ）第1349号）（最決平成27年10月13日（平成27年（受）第187号）による上告不受理により確定）参照。監査委員会報告第22号は、名宛人が明らかに日本公認会計士協会の会員であり、形式的には監査の基準なので、法的アプローチからは金融商品会計実務指針と同列に扱うことには疑義がある。

9 東京地方裁判所商事研究会編・類型別会社訴訟Ⅰ〔第三版〕239頁（判例タイムズ社、平成23年）参照。なお、最判平成22・7・15集民234号225頁は「決定の過程、内容に著しく不合理な点がない限り」とする。

10 たとえば、平成18年改正前商法施行規則32条の文言のみからは、市場価格のない株式については、その発行会社の資産状態が著しく悪化したときは、回復の見込みの有無にかかわらず、相当の減額をしなければならないことになることからすれば、回復見込みの有無の判断なしに相当の減額が不要であるという解釈は不自然だからである。

11 詳細については、たとえば、弥永真生『商法計算規定と企業会計』（中央経済社、平成12年）参照。

12 東京地判昭和41・12・23判時470号56頁、同昭和52・7・1判時854号43頁。

13 『新版注釈会社法（6）』263頁〔近藤光男〕（有斐閣、昭和62年）参照。平成17年廃止前商法特例法21条の18第1項はこのような解釈を前提とした規定であった。そこで、「会社法制の現代化に関する要綱試案」第4部、第4、7（2）①では「事前の財源規制に違反して剰余金の分配をした場合における取締役の当該分配額に係る弁済責任について、委員会等設置会社以外の会社についても過失責任化を図るものとする。」とされていた。

14 判決が挙げている根拠は、河本一郎『現代会社法〔新訂第9版〕』487頁（商事法務、平成6年）、北沢正啓『会社法〔第6版〕』433頁（青林書院、平成13年）などに沿ったものである。

8 大竹貿易事件
——複数の会計処理方法と業界の慣行

①第1審（神戸地判昭和61・6・25民集47巻9号5347頁）
②控訴審（大阪高判平成3・12・19民集47巻9号5395頁）
③上告審（最一小決平成5・11・25民集47巻9号5278頁）

1 事案の概要

ビデオデッキやカラーテレビ等の輸出を業とする大竹貿易株式会社と海外の顧客との間の輸出取引は、大竹貿易が輸出商品を船積みし、運送人から船荷証券の発行を受けた上、商品代金取立てのための為替手形を振り出して、これに船荷証券その他の船積書類を添付し、大竹貿易は、その為替手形を、いわゆる荷為替手形として取引銀行で買い取ってもらうという形で行われていた。

ところで、大竹貿易は、従前から、荷為替手形を取引銀行で買い取ってもらう際に、船荷証券を取引銀行に交付することによって商品の引渡しをしたものとして、荷為替手形の買取りの時点において、その輸出取引による収益を計上してきており（為替取組日基準）、昭和55年3月期および同56年3月期においても、為替取組日基準によって輸出取引による収益を計上し、所得金額を計算し、法人税の申告を行った。これに対して、神戸税務署長は、為替取組日基準により収益を計上する会計処理は、一般に公正妥当と認められる会計処理の基準に適合せず、輸出取引による収益は船積日基準（船積時を基準として収益を計上する会計処理）によって計上すべきものであるとして、大竹貿易の昭和55年3月期および同56年3月期の所得金額および法人税額の更正を行った。そこで、大竹貿易は、この処分を不服として異議申立てを行ったが棄却されたので（昭和57年8月6日）、国税不服審判所長に対し審査請求を行ったがこれも棄却された（昭和58年12月13日）ため、訴えを提起したのが本件である。

2 第1審判決

「今日のように複雑化した経済社会においては、信用取引が支配的で、多数の債権債務が同時に併存し、いわゆる現金主義によつていては企業の期間損益を正確に把握しえないこと、企業会計の実務のなかに慣習として発達したもののなかから一般に公正妥当と認められるところを要約した企業会計規則には、損益の計算につき原則としていわゆる発生主義を採用すべきものと定め（同第二損益計算書原則一A）、商品の売上高については実現主義の原則に従うことと定めている（同三B）こと、法人税法についてはすべての納税者を画一的かつ統一的に扱う必要があり、そのため課税の公平、明瞭、確実、普遍等の要求があることからすると、収益の認識基準については、客観的にみて収益実現の可能性が確実になつたものと認められるような状態が存し、かつ会計処理の基準からみても、会計事実として確認記帳するに適したものであるかどうかを基準にして判断すべきであり、とりわけ、商品等の販売に関しての収益の認識基準は、原則として商品等の引渡しを基準とするのが相当である（法人税法基本通達2－1－1参照。）。

ところで、引渡しを原則的な認識基準としても、引渡しの概念自体も必ずしも明瞭かつ画一的でないのみならず、…貿易業者の対外的取引は、多面的、複雑、多様性に富んでいるので、引渡しの有無の判定に際しては取引形態、引渡手続、契約条件などの貿易の実態と慣習、会計慣行等をまず検討しなければならない。」「船積日基準が、輸出取引の収益計上基準の鉄則であるかのように実務上は広く一般的に採用されていること（その理由としては、おおむね〈1〉信用状を基礎とした国際間の取引の普及により、輸出者が輸出代金回収危険から解放され、輸出為替買取りによる運転資金の調達が可能となつたこと、〈2〉信用状を基礎としない国際間取引にあつては輸出保険制度の利用によつて輸出代金回収の危険、為替銀行の輸出為替買取についての難色が緩和されるにいたつたこと、〈3〉海上保険制度を中心とする遠距離輸送危険の回避などがあげられる。）、企業会計上は、F・O・B条件、C・I・F条件（C・&・F条件はC・I・F条件の系列にはいる。）によつて収益計上基準を区別する必要も実益もないとされること（その理由は、右各条件は販売価格の建方を定めたものであつて収益計上の基準である引渡し基準を定めたものでないことにある。）の各事実が認められ」る。「輸出取引における収益計上基準については、船積日基準が実務上では公正妥当な基準として広く一般的に採用されており、このことは会計慣行としても尊重すべきである。…船積日基準は取引日の客観性が担保され、恣意性の入る余地が少い。…船積日基準は実務上一般に採用されている公正妥当な会計処理基準ということができる。」「公正妥当な会計処理基準は必ずしも一つに厳格に限定する必要はなく、他に適当な基準がある場合には複数存在することも認められるべきであるが、以上を総合検討すると、為替取組日基準は、現行会計処理基準からみても、また一般に公正妥当と認められる会計処理基準の観点からみても、さらに輸出取引の実態・慣行、引渡手続、契約条件等からみても難点があり、事務上も一般に採用されていない基準といわざるをえない。」

3 控訴審判決

「企業会計原則においては、…売上高については実現主義によることとし、財貨または役務が外部に販売されることをもって、収益が実現するものとしているが（販売基準）、この場合における収益の実現とは、販売による財貨の移転等によって発生した価値が、客観的にみて確実となったと認められるような状態となり、かつ会計的に、当該取引について仕訳記帳がしうるような客観性と確実性を備えるに至ったことを指すものと解される。そして、企業会計実務においては、商品の引渡しを、右実現（販売）の具体的な基準としている。そして、通達2－1－1及び2－1－2は、法人税法においても右趣旨にしたがうこととし、商品の販売による収益計上基準の具体的基準として、引渡基準による旨を定めたものと解される。

以上の事由と、租税法の目的である租税の公平負担の原則に沿うためにはすべての納税者に画一的かつ統一的に取り扱う必要があること等に照らせば、法人税法においても、商品の販売については、その収益計上基準としては、右内容の実現主義にしたがい、商品の引渡しを基準とするのが相当である。ただ、この場合においても、法律上の引き渡し概念にとらわれることなく、右実現の内容に則して、個々の具体的な取引過程においてどのような条件が満たされたときに収益が実現したと認識すべきかを判断すべきものと解するのが相当である。」「複数の収益計上基準があり選択適用が認められているとしても、企業が選択すべき基準は、具体的な取引に照らして合理的なものでなければならず、公正妥当な会計処理に反した基準を選択することは許されず、選択した基準が合理性がないと認められるものについては、一般に公正妥当と認められる会計処理の基準にしたがったものとはいえない。」「収益実現の概念に照らせば、本件輸出取引においては、客観的には、船積によって収益が実現したものと認められることは前記判示のとおりであり、右荷為替の取組は、収益が実現した後における収益の回収と認めるのが相当である。」

4 上告審判決

(法廷意見)

「今日の輸出取引においては、既に商品の船積時点で、売買契約に基づく売主の引渡義務の履行は、実質的に完了したものとみられるとともに、…売主は、商品の船積みを完了すれば、その時点以降はいつでも、取引銀行に為替手形を買い取ってもらうことにより、売買代金相当額の回収を図り得るという実情にあるから、右船積時点において、売買契約による代金請求権が確定したものとみることができる。したがって、このような輸出取引の経済的実態からすると、船荷証券が発行されている場合でも、商品の船積時点において、その取引によって収入すべき権利が既に確定したものとして、これを収益に計上するという会計処理も、合理的なものというべきであり、一般に公正妥当と認められる会計処理の基準に適合するものということができる。」「これに対して、…為替取組日基準は、…商品の船積みによって既に確定したものとみられる売買代金請求権を、為替手形を取引銀行に買い取ってもらうことにより現実に売買代金相当額を回収する時点まで待って、収益に計上するものであって、その収益計上時期を人為的に操作する余地を生じさせる点において、一般に公正妥当と認められる会計処理の基準に適合するものとはいえないというべきである。このような処理による企業の利益計算は、法人税法の企図する公平な所得計算の要請という観点からも是認し難いものといわざるを得ない。」「以上のとおり、為替取組日基準によって輸出取引による収益を計上する会計処理は、公正妥当と認められる会計処理の基準に適合しないものであるのに対し、船積日基準によって輸出取引による収益を計上する会計処理は、公正妥当と認められる会計処理の基準に適合し、しかも、…実務上も広く一般的に採用されている」（圏点―引用者）

（味村裁判官の反対意見）

「法人税法22条4項…は、同法74条1項と統一的に理解すべきであって、右の「一般に公正妥当と認められる会計処理の基準」とは、法人税の納税義務者である内国法人…がその確定決算の内容について従うべき規範をいい、納税義務者が株式会社である場合には、株式会社の計算書類の内容に関する商法の規定が右の基準に該当すると考える。」「納税義務者が株式会社である場合には、株式会社の計算書類の内容に関する商法の規定が法人税法22条4項の「一般に公正妥当と認められる会計処理の基準」に該当すると考えられる。そして、商法32条2項は、商業帳簿の作成に関する規定の解釈については公正な会計慣行をしんしゃくしなければならないとしていて、…企業会計原則は、企業会計の実務の中に慣習として発達したもののなかから、一般に公正妥当と認められるところを要約したものとして発表されたものであるから、公正な会計慣行を記述している限りにおいて、株式会社の計算に関する規定の解釈についてしんしゃくされることとなる。」

「二2 …一般的には商品の引渡しの時点をもって収益の計上の時点とすることが会計慣行であることがうかがわれる。この会計慣行は、公正な会計慣行と認められるから、前記の商法上の問題については、この会計慣行をしんしゃくして判断すべきこととなる。

3 会社は、商品の販売契約により代金債権を取得するとともに商品の引渡義務を負う。しかし、右の会計慣行によれば、商品の引渡し前には、この両者は貸借対照表能力を有せず、商品の引渡義務が消滅した時に、代金債権が貸借対照表能力を取得し、商品が貸借対照表能力を失うこととなる。商品の引渡義務を貸借対照表に負債として計上するとすれば、その貸借対照表価額は、引渡しの対象となる商品の取得価額及び運送費等引渡しに要する付随費用の額からなると考えられるが、一般的には、これらの額は、商品の引渡し前には未確定で確実に算定することは困難であること、商品の引渡し前にその所有権が売主から買主に移転することもあるが、商品の所有権がいつ買主に移転するかは商品の売買契約の内容によって様々であって、大量の取引を会計帳簿に記載する上で、商品の所有権がいつ買主に移転したかを判断するには困難を伴う一方、商品の引渡しの有無は容易に判断できること、商品の所有権は遅くとも引渡しの時には買主に実質的に移転しているとみられること、商品の引渡し前には売主が商品を事実上支配するという利益を有していることなどを考慮すると、右の会計慣行は合理的であり、これに従った会計処理は、商法の前記規定に適合するというべきである。

4　隔地者間の売買においては、右の会計処理以外にも商法の前記規定に適合する会計処理がある。すなわち、売主が運送業者に運送を依頼して貨物引換証、船荷証券等の発行を受けないで商品を発送した場合には、売主としては商品の引渡しのために行うべきことは完了し、商品が買主に引き渡されることは確実とみられ、運送費等引渡しに要する付随費用の額も確定しているとみられること、商品の発送の時点とその所有権が売主から買主に移転する時点とは一致しないこともあるが、大量の取引を会計帳簿に記載する上で、商品の所有権がいつ買主に移転したかを判断するには困難を伴い、隔地者間では商品の買主への引渡しの時点を知るには時間と手数を要する一方、商品の発送の時点は容易に知ることができること、商品の発送時には売買の対象となる商品は特定し、商品の所有権は買主に移転していることが多いとみられること、商品の発送前には売主が商品を事実上支配するという利益を有していることなどを考慮すると、商品の発送の時に、代金債権が貸借対照表能力を取得し、商品が貸借対照表能力を失うとして、収益を計上する会計処理も、合理的であり、商法の前記規定に適合するというべきである。

「三…船荷証券は運送品の引渡請求権を表象し、運送品に関する処分は船荷証券をもってしなければならず、船荷証券と引換えでなければ運送品の引渡しを請求できないから、買主に船荷証券を引き渡さなければ売主の商品引渡義務は消滅しない。そうすると、…船荷証券を買主に引き渡した時に収益を計上する会計処理が商法の前記規定に適合するというべきである。

しかし、荷為替手形の仕組みにおいては、売主が荷為替手形を譲渡した取引銀行又はその銀行の取引銀行が買主から荷為替手形の支払等を受けるのと引換えに船荷証券を買主に引き渡すこととなっていて、売主による取引銀行への船荷証券の交付は、買主への船荷証券の発送と類似するから、二の4で述べたところと同様に考えることができる。すなわち、売主が取引銀行に荷為替手形を譲渡して船荷証券を交付した場合には、売主としては買主への商品の引渡しのために行うべきことは完了し、国際的銀行取引の現状からすれば、船荷証券が荷為替手形の支払等と引換えに買主に引き渡されることは確実とみられ、船荷証券の引渡費用を含め商品の引渡しに要する付随費用の額も確定しているとみられること、売主は船荷証券の所持を失い、運送中の商品の所有権を実質的に失うこと、船荷証券の買主への引渡しの時点を知るには時間と手数を要するが、取引銀行への交付の時点は容易に知ることができることなどを考慮すると、船荷証券の取引銀行への交付の時に、代金債権が貸借対照表能力を取得し、商品が貸借対照表能力を失うとして、収益を計上する会計処理も、商法の前記規定に適合するというべきである。」為替取組日基準は、「株式会社の計算に関する商法の規定に適合し、「一般に公正妥当と認められる会計処理の基準」に適合するものである。」

5 複数の会計処理方法の商法計算規定適合性

この判決は、ある会計処理が法人税法22条4項にいう「一般に公正妥当と認められる会計処理の基準」に適合するかどうかに関する裁判例であるが、味村裁判官は、株式会社の計算に関する平成17年改正前商法の規定は法人税法22条4項にいう「一般に公正妥当と認められる会計処理の基準」

にあたるとし、どのような会計処理が商法の規定に適合するのかについて具体的に検討を加えたものとして意義が認められる。すなわち、『企業会計原則』の一部が平成17年改正前商法32条2項にいう「公正ナル会計慣行」にあたるという前提の下で、複数の会計処理方法がいずれも商法計算規定に適合するとした。

味村裁判官の反対意見で、まず、注目に値するのは、『企業会計原則』は、「公正な会計慣行を記述している限りにおいて、株式会社の計算に関する規定の解釈についてしんしゃくされることとなる」（圏点―引用者）とされている点であり、『企業会計原則』のある部分が公正な慣行を記述しているといえるかが（平成17年改正前）商法の観点からスクリーニングされなければならないという考え方が示されている（控訴審判決では、「一般に公正妥当と認められる会計処理の基準」に該当するかどうかという局面で同趣旨の判示がなされている）。

その上で、『企業会計原則』が商品の引渡しの時点をもって収益の計上の時点としていることは公正な会計慣行であると評価している。しかし、味村裁判官はいくつかの根拠を示して（法律の解釈においては、結論の妥当性もさることながら、説得力のある理由づけが重んじられる）、隔地者の取引においては、商品の発送時に収益を計上することまたは荷為替手形が用いられる場合には船荷証券の取引銀行への交付（かつ、手形の割引）の時に収益を計上することも、商法の規定に適合するという解釈を示した。大ざっぱには、コスト・手間などの観点から、引渡時ではない時点での収益の認識を認める必要がある一方で、発送時や荷為替割引時に収益を認識しても弊害はほとんどないということが根拠とされているといえる。すでに紹介したように、伝統的に、「公正ナル会計慣行」は複数存在しうると考えられてきており（本書6頁参照）、とりわけ、1990年代頃までは、商法計算規定の主たる目的は分配可能額を適切に算定させることと考えられてきたから、許容される会計処理の範囲は利益や資産が過大計上されない限り広く認めてよいと暗黙のうちに考えられていたのではないかと思われる。また、有力な会計学者の方々も、期間損益計算の適正化を強調し、継続的に適用される限り、幅広い選択の余地を作成者に与えてもよいと解されていた。[1]

6 最高裁法廷意見および下級審判決における「公正ナル会計慣行」該当性

最高裁の法廷意見は税法独自の考え方に基づいて、為替取組日基準を排斥したという見方も少なくないようであるが、少なくとも第1審および控訴審の判決においては、船積基準が支配的な慣行であると認定されており（第1審判決は、「船積日基準が、輸出取引の収益計上基準の鉄則であるかのように実務上は広く一般的に採用されている」とし、為替取組日基準は「事務上も一般に採用されていない基準」であるとする。）、また、経済的な実態を表すものであると評価されている。そうであれば、本件当時において、為替取組日基準は「会計慣行」というにはふさわしくなく、また、「公正ナル」とも評価できなかった可能性があり、他方、船積基準が唯一の「公正ナル会計慣行」としての地位を得ていたと評価する余地があるのかもしれない。最高裁法廷意見は、「法人税法の企図する公平な所得計算の要請という観点からも」（圏点―引用者）と判示しているのであり、為替取組日基準は「公正ナル会計慣行」にはあたらないという前提によっていたとみたほうが自然であり得る。

7 実現主義と為替取組日基準

船積によって収益が実現したものとして取り扱うことが「公正ナル会計慣行」であることおよびそのように扱う根拠が相当なものであるという理解を前提とする限り、控訴審判決も指摘するように、「荷為替の取組は、収益が実現した後における収益の回収」であると位置付けることが論理的である。船積によって債権を取得するのであれば、実現の要件の1つである現金等価物の受領は満たされているからである。企業会計法の主要な目的である情報提供という観点からも、荷為替手形を割り引くタイミングを企業が選択することによって収益の期間帰属を操作できると解することは適当とはいえないであろう。[3]

注

1 たとえば、黒澤清「企業経理自由の原則」會計97巻1号6頁（昭和45年）以下、若杉明「制度会計の成立基礎――経理自由の原則について」會計117巻2号163頁以下（昭和55年）参照。

2 インコタームズでは、FOB、CIF、C&Fのいずれの場合でも船積時に危険負担が買主に移るとされているから、船積によって財の引渡義務が履行されたものと扱われると実質的にはいうことができる。また、荷為替手形を銀行に割り引いてもらうことにより、初めて輸出商品に対する所持・支配を失うものでないという見方もありうる（国税不服審判所裁決昭和61年12月8日裁決事例集32集170頁）。

3 これと類似した問題は、『企業会計原則注解』注6（4）が認める回収基準および回収期限到来基準についても存在する。現在の取引環境や『金融商品に関する会計基準』が貸倒引当金の計上につき詳細な規定を設けていることに鑑みると、これらの基準は実現主義に基づくものということにはかなり無理がある。なお、税法上、割賦基準が認められてきたことの合理性を説明するとすれば、貸倒引当金繰入額が十分に損金算入されないことや貸倒れの認定が厳格であることを背景とするものであるということができるかもしれない。

9 安愚楽牧場事件

――「再売買代金」の負債計上の要否

①第１審（大阪地判平成28・５・30金判１４９５号23頁）
②控訴審（大阪高判平成29・４・20金判１５１９号12頁）
③上告審（最二小決平成29・10・27。平成29年（受）第１５０６号）（上告不受理）

1 事案の概要

X_1らは、Ｚとの間で、Ｚが所有または管理する黒毛和種の繁殖牛を購入すると同時にその飼養を委託するという黒毛和種牛・飼養委託契約（牛を購入した顧客を「オーナー」というためこの契約を、以下「オーナー契約」という。）を締結し、一定期間後にＺがX_1らから同繁殖牛を再売買するという合意のもと、購入および委託代金を支払った。ところが、Ｚにつき、民事再生手続開始申立て後、平成23年12月９日に破産手続開始決定がなされたため、X_1らは再売買による代金の支払を受けることができなかった。そこで、X_1らが、Ｚの取締役であったＡおよびＢ、監査役であったＣ、Ｚの関連会社３社および関連会社の役員であった26名に対し、損害賠償を請求したのが本件である。

なお、Ｚは、会社法施行後は、監査役を置く旨の定款の定めのある特例有限会社であり、平成21年４月１日に、商号の変更により株式会社となったものの、その後も、Ｚの定款では、監査役の監査の範囲は会計に関するものに限定されていたが、Ｚの決算報告書に記載された平成14年度から平成23年度までの期末負債（再売買代金債務を含まない）合計は３００億円強から６２０億円弱であった。また、平成19年３月末から平成23年３月末までの間で、オーナー契約頭数に占めるＺが所有または管理する繁殖牛頭数の割合は、多くて69・５パーセント、少ないときは55・９パーセントであった。さらに、Ｚは、創業から民事再生申立てまで、子牛の市場価格や為替変動に関わりなくオーナーに対して購入代金と同額の再売買代金を支払ってきた上、子牛の出生および生存の有無にかかわらず、少なくとも年３ないし４パーセント程度の配当を行っていた。

2 第１審判決

「Ｚは、遅くとも平成15年以降のオーナー契約においては、購入代金と同額で再売買を行うことを合意していたとは認めることはできない。そして、X_1らが主張する損害の前提となるオーナー契約がいずれも平成15年以降のものであることからすれば、X_1らの主張するオーナー契約について、Ｚが元本保証をしていたとはいえず、預金等と共通する性質を有すると認めることはできない。従って、オーナー契約に基づく牛の購入代金等の払込は出資法２条１項が禁止する「預り金」に該当するとは認められない」。

「Ｚは森田税務会計事務所に税務申告事務を依頼していること、同会計事務所において、オーナーが支払った牛の購入代金を売上と計上し、再売買代金支払債務を負債に計上していない点について特段指摘はされていないこと、日本公認会計士協会作成の平成21年7月9日付け「我が国の収益認識に関する研究報告（中間報告）」は、収益認識に関しこれまでの実現主義の解釈のもとで認められてきた会計処理から本研究報告に記載された会計処理への変更が強制されることはないし、同一の取引及び事象について特定の会計処理の採用を強制するものでもないとしていること…からすれば、再売買代金支払債務を負債に計上しなければならなかったとまではいえない。そして、再売買代金支払債務を負債総額に計上しなければ、決算報告書上、Zは債務超過の常況にはない」。

「Zは、平成14年度期末から負債合計は300億円を超えており、平成21年度期末以降は655億円を超える負債額となっていることからすれば、通常の株式会社に移行した後は、会社法上の大会社にあたる株式会社として会計監査人設置会社（会社法2条6号、同条24号、同法328条、同法2条11号）に当たるので、定款の規定によっても監査役の監査の範囲を会計監査に限定することはできなくなったものと解され、そうすると、平成21年4月1日以降のZの監査役は、会計監査のみならず業務監査まで行う任務があったといえる（会社法389条1項）。

そして、Cは、平成22年4月から5月頃にZの税務申告を担当した森田会計事務所と決算の打ち合わせをした際、Zが会計監査を導入しなければならないと気付いたと述べていることからすれば…、その頃には、Zの監査役の監査の範囲が会計監査に限られないことを認識し、又は少なくとも認識することができたものと認めることができる。…再売買代金債務を貸借対照表上に負債として計上しなければならなかったとまで認めることはできない…。…本件では、平成22年4月又は5月頃の時点においてZが所有する牛の数がオーナー契約頭数を大幅に下回る常況になっていたこと、平成14年度期末から平成22年度期末の決算を比較すると、資産合計及び負債合計ともに倍増していること…、Cは決算の負債総額に将来の再売買代金支払債務が含まれていないことを認識していたこと、CはZがオーナー制度を行っており、その業務がZにおいて大きな割合を占めていることを認識していたこと、Cが平成21年度決算の会計監査を行っていることからすれば、将来の再売買代金支払債務を考慮した場合にZが大幅な債務超過の常況にあり、関連会社への未払金、貸付金も多額に上ることを認識することは可能であったのであり、そうである以上、Cは、監査役として、取締役が株主総会に提出しようとする議案、計算書類（貸借対照表、損益計算書等）及び事業報告書並びにこれらの附属明細書を調査し、その結果を必要に応じて株主総会に報告しなければならず（会社法384条、438条）、計算書類及び事業報告書並びにこれらの附属明細書の記載内容、会計帳簿を調査するときには会計監査の場合より厳密な調査を行うべき注意義務及び任務があったといえる。…Cが計算書類の原資料に遡って調査を行っていた場合には、オーナー契約頭数よりも繁殖牛が不足することが常態化しているのに、Zがこれを秘匿してオーナーを募集していることを認識し又は認識することができ、その際に取締役に新たなオーナーの募集を止めるよう進言するなどしていたとすれば、遅くとも平成22年6月以降新たなオーナー契約が締結されることを防ぐことができた可能性があると認められるところ、Cはこれを怠り、何ら業務監査を行っていない点に注意義務及び任務懈怠があったといえる。」

3　控訴審判決

「契約の実情に照らせば、遅くとも平成11年3月期末以降に授受されたオーナー契約代金は、繁殖牛やその飼養の対価としてではなく、かつ、Zに対する貸金（Zの事業経営の便宜のための金銭の提供）や出資金（Zとの共同事業を行うための金銭の提供）としてでもなく授受されたものとみなければならない。

そうすると、そのオーナー契約代金は、不特定かつ多数の者からの元本の返還を約する金銭の受入れであって、当該金銭を預け人の便宜（本件の場合、オーナーの利殖）のために授受されたものと認めるのが相当であるから、同時期以降のオーナー契約の勧誘は、出資法に違反する違法なものということができる。…再売買が仕入であり、再売買までオーナー牛がZの資産でないとすれば、オーナー牛を貸借対照表の資産の部に計上せず、契約残高（再売買代金債務の総額）を貸借対照表の負債の部に計上しなかったことは違法な会計処理とまではいえない」。

「監査役就任契約により監査権限が会計監査に限定されている者が、業務監査の職責まで負わせられる契約上の根拠がない。

また、業務監査を行うことを予定して選任されたのではない会計限定監査役に業務監査の職責を負わせることは、会社にとって不足であるばかりでなく、業務監査の職責を果たさない場合の法的責任（会社法423条及び429条）が生じることになるため会計限定監査役にとっても過酷である。上述したとおり、大会社に該当する場合、会計監査人と監査役を選任した上、それぞれの業務を分業することになるが、これらの選任までの間、会計限定監査役が、これらの者が行うべき職務をひとりで行うことには、少々無理がある。会社法は、その３３６条4項3号において、通常監査役を置く必要が生じた場合、会計限定監査役の任期を終わらせることにしており、会計限定監査役に通常監査役の職責を果たすことを当然のこととして求めているわけではないと考える。…Ｃは、Ｚが大会社となった後に監査役に就任したが、会計限定監査役として就任する旨の本件監査役就任契約に基づいて就任したにすぎないから、会計監査の職責を負うものの、当然には業務監査の職責まで負うわけではない。」

「Ｃが平成22年5月に提供を受けた計算関係書類…に不正経理があるとか虚偽記載があったというわけではない（そのような事実を認めるための証拠は見当たらない。）。X_1らは、再売買代金債務を簿外処理し、これを貸借対照表上の負債に計上していなかったことが不正な会計処理であると主張するが、その主張〔は〕採用できない…。…Ｃに、不正経理や計算関係書類の虚偽記載を悪意又は重大な過失によって見逃したとの職務懈怠があったということはできない。」「Ｃが監査役に就任した当時既に、繁殖牛不足が常態化しているのに長年にわたり違法なオーナー契約の勧誘が継続されていたところ、会計監査（取締役が株主総会に提出しようとする会計に関する議案、書類、計算関係書類の調査）を通じて、上記事実を察知することが容易であったとすれば、たとえＣが会計限定監査役であったとしても、Ｃには、その事実及び違法な業務を是正する必要がある旨を株主総会に報告し、警鐘を鳴らす義務が生じたということができる。そして、平成22年5月に提供された計算関係書類…を見れば、オーナー契約代金が出荷売上約１７０億円の3倍以上（約６０３億円）に達していること、オーナーからの子牛及び繁殖牛の仕入額が、オーナー契約代金を超える約688億円に達していることが分かり、オーナー制度が経営の重荷になっていることが分かる。しかし、さらに進んで、計算関係書類から、繁殖牛不足が常態化しているのに長年にわたり違法なオーナー契約の勧誘が継続されていた事実を察知することは容易ではなかったというほかなく、Zの違法な業務を看過したことに関連して、Cに、会計監査の過程における悪意又は重大な過失による職務の懈怠があったということもできず、会社法429条1項に基づくX_1らのCに対する請求は理由がない」

4 再売買代金支払債務のオフバランス処理

第1審判決は、①税務申告事務を依頼した会計事務所が、オーナーが支払った牛の購入代金を売上と計上し、再売買代金支払債務を負債に計上していない点について特段指摘をしなかったこと、および、②日本公認会計士協会「我が国の収益認識に関する研究報告（中間報告）」が、研究報告に記載された会計処理への変更が強制されることはないし、同一の取引および事象について特定の会計処理の採用を強制するものでもないとしていること、の2つを根拠として、再売買代金支払債務を負債に計上しなければならなかったとまではいえないとの判断を示している。

しかし、専門家（本件では、公認会計士・税理士のようである）の意見に依拠したことが、取締役または監査役に善管注意義務違反あるいは過失がなかったという判断につながる余地があるとしても、それによって、再売買代金支払債務を負債として認識しないという会計処理が「一般に公正妥当と認められる企業会計の慣行」に従ったものと当然にいえるわけではない。また、税務申告との関係では、再売買代金支払債務を負債に計上しないという会計処理に問題はない（課税所得の期間帰属に不当な影響を与えない）としても、それが、会社法上、「一般に公正妥当と認められる企業会計の慣行」に従っていると評価されることを直ちに導くわけではない。したがって、①は根拠としては不適切であるように思われる。

判決文からは、X_1らが「我が国の収益認識に関する研究報告（中間報告）」に基づいて、どのような主張をしたのかは明らかではないが、②は再売買代金支払債務を負債に計上することを要しないとする実質的根拠を何も示してくれていない。また、「3　争点及びこれに対する当事者の主張」においては、再売買代金支払債務を負債に計上することが「一般に公正妥当と認められる企業会計の慣行」であるとX_1らが主張した（控訴審では、「オーナー契約に基づく再売買代金債務は、その経済実態に照らせば、契約締結と同時に確定的に発生するZの債務と解される。契約満了時に繁殖牛の引渡しを求めるオーナーなど皆無であるし、そもそも、繁殖牛の持分を取得したオーナーにとって繁殖牛の引渡しを求めること自体が不可能であるから、Zもオーナーも、契約満了時に再売買代金を授受するのを当然の前提としてオーナー契約を締結していたのである。したがって、Zは、契約締結年度において、損益計算書に再売買代金（すなわち契約代金）と同額の「引当金」を損失項目に計上し、かつ、再売買代金債務の総額を貸借対照表の負債として計上しなければならない」と主張したとされている）とも整理されていない。ただ、Aらが「オーナーから支払われた金員は、売上（売却代金）及び預託料（育成管理費）として会計上適切に処理されており、再売買代金は期限未到来であるから直ちに負債に計上しなければならないものでもない」と主張したと摘示されているにとどまる。しかし、少なくとも、期限未到来であるから、負債を認識・計上する必要はないという一般論は会計上、成り立たないことは明らかであろう。

もっとも、我が国の実務慣行では、原則として、顧客から受け入れた資産の法的な権利の企業への移転に着目し、企業としては、受け入れた資産を会計上資産として計上するか否かを判断してきたと考えられ、本件では、オーナー牛がオーナーの所有物であるとすれば、オーナー牛はZの資産としては認識されないことになり、反射的に、再売買代金債務を認識しないという会計処理には相当の根拠があるという考え方は成り立つものと考えられる。ただ、Zは、「創業した昭和56年から民事再生申立てをした平成23年8月まで、子牛の市場価格や為替変動に関わりなくオーナーに対して購入代金と同額の再売買代金を支払ってきたし、子牛の出生及び生存の有無にかかわらず、少なくとも年3ないし4パーセント程度の配当を行っていた」こと、および、契約満了時に再売買代金を授受することが通例であったことに照らすならば、Zがリスクを負担していたのであって、再売買代金債務を認識するか、少なくとも、適切に算定された引当金[1]を計上することが求められていたと考えるべきであったように思われる。平成17年改正前商法及び会社法の下では、法的債務は原則として、負債として認識することが求められていると解されるのであって[2]、認識することを要しないのは、経済的出捐を要しない場合か、負債として計上すべき額とそれに対応する資産について計上すべき額とがほぼ同一の場合に限られてきたが[3]、本件の事実関係における再売買代金債務は、いずれの場合にも該当しない。

控訴審判決は、第1審判決と異なり、「オーナー契約代金は、不特定かつ多数の者からの元本の返還を約する金銭の受入れであって、当該金銭を預け人の便宜（本件の場合、オーナーの利殖）のために授受されたものと認めるのが相当である」として、出資法にいう「預り金」であると位置付けている。そうであれば、「預り金」総額を負債として認識・計上することが明らかに原則的処理となるはずであり、計上しないことが認められる根拠をどこに求めたのか理解に苦しむところである（「再売買が仕入であり、再売買までオーナー牛がZの資産でないとすれば」と判示しているが、これは、オーナー牛を資産として認識・計上する必要はないという根拠にすぎず、「預り金」を認識・計上することを要しないという根拠にはならないのではないかと思われる。）。Aらは、「再売買による牛の取得は、法律上も取引実態上も仕入」であると主張したが（出資法上の「預り金」と法性決定された以上、これは成り立たない主張といえよう。）、これが、再売買代金債務の認識、少なくとも、引当金の計上を要しないという帰結を導くロジックは理解できないところである。

5　監査役の監査の範囲

Zは、昭和56年12月18日に有限会社安愚楽共済牧場として設立され、平成18年5月1日に特例有限会社となったが、平成21年4月1日にZに商号変更して通常の株式会社に移行したものである。特例有限会社の監査役の監査の範囲を会計に関するものに限定されており（会社法の施行に伴う関係法律の整備等に関する法律24条［監査役を置く旨の定款の定めのある特例有限会社の定款には、会社法第389条第1項の規定による定めがあるものとみなす。］）、有限会社安愚楽共済牧場の定款でも、（商号変更後の）Zの定款でも、監査役の監査の範囲は会計に関するものに限定する旨規定されていた（また、Cは、監査役就任契約を締結した際、定款を示され、監査の範囲が会計監査に限定される旨の説明を受け、会計監査のみを行う監査役（以下「会計限定監査役」という。）に就任することを承諾したと事実認定されている。）。

ところが、第1審判決は、平成21年度期末以降はZの負債額は655億円を超えており、会計監査人設置会社として、定款の規定によっても監査役の監査の範囲を会計監査に限定することはできなくなったものと解され、平成21年4月1日以降のZの監査役は、会計監査のみならず業務監査まで行う任務があったといえるところ、Cは、平成22年4月から5月頃には、Zの監査役の監査の範囲が会計監査に限られないことを認識し、または少なくとも認識することができたとして、会社法429条1項所定の損害賠償責任を負うかどうかについて検討を加えた。これに対して、控訴審判決は、Cは、Zが大会社となった後に監査役に就任したが、会計限定監査役として就任する旨の本件監査役就任契約に基づいて就任したにすぎないから、会計監査の職責を負うものの、当然には業務監査の職責まで負うわけではないとした。この一般論は、会社法336条4項3号が、会計限定監査役ではない監査役（以下「通常監査役」という。）を置く必要が生じた場合には、「監査役の監査の範囲を会計に関するものに限定する旨の定款の定めを廃止する定款の変更」の効力が生じた時に、会計限定監査役の任期が満了すると規定していることからすれば、穏当な解釈である。すなわち、定款変更の効力が生ずるまでは、会計限定監査役であることを前提としているからこそ、このような規定ぶりになっていると考えられる（控訴審判決が指摘するように、会計限定監査役として就任を承諾したにもかかわらず通常監査役としての任務を果たすことが求められるというのでは、当該監査役にとって不利益が生じ得るから、任期満了とされるのであり、契約法的にもこのように解するのが適切である。）。もっとも、会計監査人選任懈怠を放置しておいた以上、Cとしては、自ら適切に「会計監査」を行うべきであったのであり、「会計監査人と監査役…の選任までの間、会計限定監査役が、これらの者が行うべき職務をひとりで行うことには、少々無理がある」という判示はやや筆が滑ったというべきであるようにも思われる。

他方、再売買代金債務を貸借対照表上の負債に計上していなかったという会計処理が、仮に「一般に公正妥当と認められる企業会計の慣行」に反していなかったとしても、自社所有の牛の貸借対照表残高が虚偽のものであったり、オーナーに対する配当や再売買代金の支払が実態に反したものであれば、計算関係書類に虚偽記載があったといわざるを得ない。そして、貸借対照表上の資産（オーナー牛以外の牛）の実在性を確かめること、再売買代金支払債務とオーナー牛とが見合っているかどうか、および、オーナーに対する配当や再売買代金の支払が適切に会計処理されているかを確かめることは会計監査の一環として行われるべきであり得ることからすれば、Cに重大な過失がなかったと判断できる根拠を示していないという点で控訴審判決には致命的といってよい問題が内在している（言い換えるならば、X_1らは、会計監査においては何をすべきかを裁判所に理解してもらうことに失敗している。）。[4]

注

1 控訴審で、Aらが主張したように、「オーナー契約には選択条項が含まれており、契約満了時に再売買代金債務が発生するかどうかは、契約締結時に確定しているわけではない」から、法的債務性はないと仮に解しても、契約満了時に再売買代金を授受することが通例であったことからすれば、引当金の計上（『企業会計原則注解』（注18））が必要ということになろう。

2 大隅健一郎『商法総則』（有斐閣、昭和34年）２３０頁、大住達雄『商法の計算理論〔新版〕』（同文舘出版、昭和49年）42頁以下、味村治「経理処理」『経営法学全集X　経理・税務』（ダイヤモンド社、昭和43年）１８２頁など参照。また、会社法との関連では、江頭憲治郎『株式会社法〔第7版〕』（有斐閣、平成29年）６６１頁参照。

3 弥永真生「オフバランス項目と商法計算規定または証券取引法における資産・負債概念」『現代企業立法の軌跡と展望（鴻常夫先生古稀記念論文集）』（商事法務研究会、平成7年）１１１-１３４頁参照。

4 なお、控訴審判決は、一般論としてではあるものの、会計限定監査役は違法な業務執行を是正する必要がある旨などを株主総会に報告する義務があるとして、一定の範囲で会計以外の業務についての任務を負うものとしている。名古屋高判平成23・8・25判時２１６２号１３６頁も参照。

10 オリックス銀行事件
──劣後受益権と償却原価法

①第1審（東京地判平成24・11・2税務訴訟資料262号順号12088）
②控訴審（東京高判平成26・8・29税務訴訟資料264号順号12523）（上告されず、確定）

1 事案の概要

オリックス銀行（X）は、平成15年2月3日に、A信託銀行との間で、Xを委託者、Aを受託者として、Xが住宅ローン契約を締結した債務者らに対して有する債権の一部を包括して信託譲渡する旨の契約を締結し、Xが保有する当該債権のうち、元本総額205億円相当分の住宅ローン債権（本件債権1）をAに対して信託譲渡し、Xは、Aから元本金額175億円の優先受益権（本件優先受益権1）および元本金額30億円の劣後受益権（本件劣後受益権1）を受け取った。同月5日に、Xは、Aに2億円の金銭を追加信託し、これを本件劣後受益権1の元本に上乗せする旨合意し、本件劣後受益権1の元本金額は32億円となった。

Xは、同月14日、Bに本件優先受益権1を売却し、平成15年3月期においては、金融商品会計実務指針37項にいう「金融資産の消滅時に譲渡人に何らかの権利・義務が存在する場合」に該当するとして、本件劣後受益権1には49億円の帳簿価額を付した。平成16年3月期、平成17年3月期および平成18年3月期に、Xは、Aから本件劣後受益権1に係る収益分配金として、合計2・86億円受領したが、その会計処理に金融商品会計実務指針105項の適用があるものとして、同項に規定する「受取利息」および「元本の回収」とに区分し、受取利息に相当するとした額である1・4億円のみを収益に計上し、元本の回収に相当するとした額である1・46億円については、本件劣後受益権1の帳簿価額から減額するという会計処理を行い、各事業年度に係る法人税の確定申告を行った。[1]

この事件は、法人税法22条4項にいう「一般に公正妥当と認められる会計処理の基準」（公正処理基準）の内容が争われたものであるが、「公正ナル会計慣行」（平成17年改正前商法32条2項）と関連する部分に限定して取り上げる。

2 第1審判決

I「一般に、金融商品会計実務指針105項の要件に該当する場合において、その債権の取得価額と債権金額の差額について同項所定の償却原価法により会計処理することは、法人税法22条4項にいう「一般に公正妥当と認められる会計処理の基準」に従った適法な処理であると解するのが相当であ」る。

Ⅱ「金融商品会計実務指針100項（2）ただし書き及びこの背景事情について説明した291項によれば、本件のXのように、自ら保有する住宅ローン債権という金融資産を信託すると共に、その信託受益権を優先と劣後に分割し、その劣後受益権を自らが保有して、優先受益権を第三者に譲渡する場合においては、Xの保有する劣後受益権は、新たな金融資産の取得としてではなく、信託した金融資産である住宅ローン債権の残存部分として評価する必要があるとしているのであって、これによれば、Xが信託契約によって保有するに至った本件各劣後受益権は、金融商品会計実務指針105項にいう「債権を取得した場合」には該当しないと解すべきことになる。」

Ⅲ「金融商品会計実務指針105項は、債権の支払日が将来の期日であることから、その間の金利を反映して債権の元本金額よりも高い金額（あるいは低い金額）で取得した場合には、その差額をその支払日までの期間にわたって期間配分するものとして上記のように実効利子率を定め、それに基づいて算定された額をその債権の受取利息とすることが合理的であると考えられるため、その考え方を採用した上で、その方法で算定された受取利息額が、実際に受領した利息額より多ければその差額分を債権の帳簿価額に加算し、少なければその差額分を債権の帳簿価額から減算することによって、実効利子率による利息の計算を会計処理に反映させるように償却原価法による処理を行うこととしたものであると解される。しかるに、本件劣後受益権1の帳簿価額は、本件優先受益権1と本件劣後受益権1を合わせた信託受益権全体と信託債権である本件債権1が対応する関係にあることから、本件債権1の帳簿価額から本件優先受益権1の帳簿価額（譲渡原価額）を差し引いた金額として計上されるところ、本件優先受益権1の帳簿価額（譲渡原価額）については、本件債権

1全体の時価を算定して各受益権の時価の割合に応じて算出しているのに対し、本件劣後受益権1の帳簿価額の算定においては、本件債権1の帳簿価額から、上記のとおり時価評価を前提として各受益権に按分計算された本件優先受益権1の帳簿価額（譲渡原価額）を差し引くという計算をすることになるために、その帳簿価額と債権価額の間に帳簿処理という技術的な理由によって差異が生じざるを得ないことになる。そして、本件劣後受益権2の帳簿価額もまた、本件債権2の帳簿価額から本件優先受益権2の帳簿価額（譲渡原価額）及び本件メザニン受益権の帳簿価額を計算上差し引いて算出したものであって、本件劣後受益権1について上に述べたことが当てはまるものである。そうすると、本件各劣後受益権の帳簿価額と債権金額の差額は、帳簿処理に伴う技術的な理由によって計上されたものにすぎず、各受益権の支払日までの金利を反映して定められた金額ではなく、また、その帳簿価額は、各受益権の客観的な価値を把握した金額ではないから、本件各劣後受益権については、およそ金融商品会計実務指針105項が、「債権の支払日までの金利を反映して債権金額と異なる価額で債権を取得した場合」に、期間配分による償却原価法に基づく処理をさせることとした前提を欠くものであることは明らかである。」

Ⅳ「平成14年法律第44号による改正前の商法においては、その285条の4が、金銭債権の評価について「債権金額ヲ付スルコトヲ要ス」ことを原則とした上で、ただし書きで債権金額と異なる代金で「買入レタルトキ」は、相当の増額又は減額ができると規定していた。そして、金融商品会計実務指針105項は、平成14年改正前の商法285条の4が通則として意味を有していたころから存在していたのであって、そうすると少なくともその当時は、同項にいう債権の「取得」とは債権を「買入レタルトキ」として解釈されていたと考えられ、ここにいう「取得」が本来、他者から取得した場合を想定し、信託等によって実質上自ら創設したものは想定していなかったと解されるところ、その解釈が特に変更されたことを窺わせる資料もない。」

Ⅴ「以上によれば、Xが本件各劣後受益権の収益配当金の会計処理につき、金融商品会計実務指針105項の適用があるものとして、同項の「受取利息」に相当する「買入金銭債権利息額」と同項の「元本の回収」に相当する「買入金銭債権償還額」とに区分し、前者のみを収益に計上する処理を行ったことは適法な会計処理とはいえないものと解される。」

3 控訴審判決

（第1審判決のⅡと同旨を述べ、「本件各劣後受益権について、金融商品会計実務指針105項は、類推適用の是非は別として、これをそのまま適用することを想定した規定ではない」とする一方で、最判平成5・11・25民集47巻9号5278頁に拠って「取引の経済的実態からみて合理的なものとみられる収益計上の基準の中から、特定の基準を選択し、継続してその基準によって収益を計上している場合には、法人税法上もその会計処理を正当なものとして是認すべきであるから、Xが、本件各劣後受益権につき、金融商品会計実務指針105項と同様の会計処理をし、継続して同様の処理基準により収益を計上したことが、取引の経済的実態からみて合理的なものである場合には、これにより会計処理をすることも許容される、いいかえれば、金融商品会計実務指針105項を類推適用した場合と同様の会計処理することは、法人税法上も正当なものとして是認されるべきである

といえる」とした上で、以下のように判示)

本件劣後受益権1の「収益配当金は、本件優先受益権1の収益配当金を上回る金額となっている…。したがって、本件劣後受益権1の元本金額と帳簿価額の差額部分は、住宅ローン債権である本件債権1が、高金利となっていて、その利息部分が本件劣後受益権1に帰属したことから生じる差異の部分が含まれているといえ、このことは、本件劣後受益権2においても同様である。(ウ)そうすると、…本件各劣後受益権については、経済的な実態として金融商品会計実務指針105項の「金利を反映して」債権金額と異なる価額で債権を保有しているということができ、また、この点において同項と類似した利益状況となっているということができる。(エ)…本件各劣後受益権の内容は、Xが保有していた住宅ローン債権とは、元本の償還の時期、利息の利率などを異にし、信託受益権を優先受益権、劣後受益権と質的に異なるものとして分割され、その劣後受益権を保有するに至ったもので、住宅ローン債権の単純な残存部分とはいえないから、住宅ローン債権とは異なる内容の債権を保有するに至ったといえるのであって、この状況は、「債権を取得した」という利益状況に類似しているということができる」。「本件各劣後受益権の元本の償還は、信託受託者により受領された元本回収金から行われ、本件差額が元本として償還されることはないから、本件各劣後受益権の収益配当金を各事業年度の「受取利息」としてその全額を収益として計上すると、取引終了時すなわち信託終了時の事業年度において、本件差額は、損失として計上されることとなる。…以上の状況を前提に、Xが、信託終了時の事業年度において、財産の減少がないにもかかわらず、本件差額の部分を損失として計上することは、経済的実態と齟齬すると判断して、そのような事態を回避するため、金融商品会計実務指針105項と同様の会計処理をすることを選択し、本件各劣後受益権の収益配当金につき、同様の会計処理することは、前記（ウ）及び（エ）の利益状況の類似性を併せ考えると、取引の経済的実態からみての合理性を否定されるものとはいえない」。

4 公正処理基準と「公正ナル会計慣行」

平成17年改正前商法32条2項にいう「公正ナル会計慣行」と公正処理基準とがどのような関係に立つかは難問であるが、少なくとも、法人税法の目的に照らして不適切であると考えられる場合を除き、「公正ナル会計慣行」に従った会計処理は公正処理基準に従ったものと扱われてきた一方で、裁判所は、法人税法等に別段の規定がある場合を除き、「公正ナル会計慣行」に従っていない会計処理を公正処理基準に従ったものとは認めてこなかったように思われる。

そこで、第1審判決は、日本公認会計士協会会計制度委員会報告第14号「金融商品会計に関する実務指針」（金融商品会計実務指針）が（上場会社にとっての）「唯一の」「公正ナル会計慣行」であることを前提として、Xの会計処理は公正処理基準に従ったものではないとしたものと理解する余地がある。実際、金融商品会計実務指針は、公刊裁判例において、一貫して、「公正ナル会計慣行」にあたるものと解されてきている。[2] これに対して、控訴審判決は、類推適用というアプローチをとっているものの、商法上、「公正ナル会計慣行」に沿ったものといえるかどうかは捨象して、法人税法上、公正処理基準に従ったものと解してよいかどうかを判断したとみることもできそうである。

5 償却原価法適用要件としての「取得」

〔平成17年改正前〕商法・〔平成18年改正前〕商法施行規則（および「公正ナル会計慣行」）の解釈としては、「取得」に当たらないとした第1審判決および控訴審判決は穏当なものということができる。すなわち、平成18年改正前商法施行規則30条1項は「金銭債権については、その債権金額を付さなければならない。ただし、債権金額より高い代金で買い入れたときは相当の増額を、債権金額より低い代金で買い入れたときその他相当の理由があるときは相当の減額をすることができる。」と定めていた。[3] そして、『金融商品に係る会計基準』は、「受取手形、売掛金、貸付金その他の債権の貸借対照表価額は、取得価額から貸倒見積高に基づいて算定された貸倒引当金を控除した金額とする。ただし、債権を債権金額より低い価額又は高い価額で取得した場合において、取得価額と債権金額との差額の性格が金利の調整と認められるときは、償却原価法に基づいて算定された価額から貸倒見積高に基づいて算定された貸倒引当金を控除した金額としなければならない。」（圏点―引用者）と規定していた（第三の一）。

たしかに、本件のような信託を用いた債権流動化においては、オリジネーターは債権を信託銀行に信託譲渡し、当該債権とは異なるキャッシュ・フローを有する優先受益権と劣後受益権を取得することになるから、形式上「取得した場合」に該当する、金融商品会計実務指針２９１項にいう「購入」や商法施行規則にいう「買入」に比べ、「取得」のほうが広い意味を有すると解されることもあるため、文理解釈上、金融商品会計実務指針１０５項にいう「債権を取得した場合」に該当しないわけではないという指摘もあった。[4] しかし、金融商品会計実務指針291項は、「新たな金融資産の購入としてではなく、信託した金融資産の残存部分として評価」としており、残存部分との対比において「購入」という語を用いているのであるから、「購入」という語を「取得」より限定するため採用したと解することには無理があり、また、「取得」は、時効取得の場合を別とすれば、他の者から取得することを意味するから（第1審判決Ⅳ）、本件劣後受益権1を「取得」したと解することはかなり苦しいように思われる。[5]

6 複数の「公正ナル会計慣行」と「斟酌」

東京地判平成16・5・28刑集63巻11号2400頁は、「一般論としては、「公正なる会計慣行」は必ずしも1つに限られず、2つ以上の会計処理の基準が認められることがある」という一般論を示している。また、最判平成21・12・7刑集63巻11号2165頁は、「資産査定通達等によって補充される改正後の決算経理基準に従うことが唯一の公正なる会計慣行であったとし、税法基準の考え方に基づく会計処理を排斥」した「原判決は、その点において事実を誤認して法令の解釈適用を誤ったものであ」るとしており（圏点―引用者）、複数の「公正ナル会計慣行」が併存していたと事[6]実認定しているようである。[7]

平成17年改正前商法32条2項が「斟酌」という表現を採用した理由としては、会計慣行となっていない会計処理方法を採用することができるようにすることもあったといわれている。[8] すなわち、慣行が存在しない問題についてはもちろん、『企業会計原則』に定められている事項についても、従来の慣行以上に財産および損益の状況を明らかにする理論や取扱いが認められる余地を残す必要があると考えられた[9]。また、「株式会社についても、企業会計原則はあくまでも解釈指針であるから、これと異なる慣行でも、それが公正であり、かつ、慣行となっていることを立証する限り、個別的事情に応じた弾力的な措置を否定するものではない」、「すべての場合企業会計原則に完全に従わなければならないという意味をもたない。企業会計原則は慣行を前提として定められているものであるが、会計慣行のないところに新しい会計の理論あるいは会計のとりあつかいが定められる場合には、従来認められてきた慣行と同じ程度に財産および損益の状態を明らかにできることが立証される場合には、従来の企業会計原則や慣行に拘束されるわけではないと解釈しなければならない」という見解も有力であった[10]。

もっとも、『金融商品に係る会計基準』および金融商品会計実務指針が、上場会社にとって、金融商品の会計処理について「唯一の」「公正ナル会計慣行」であると解されていたのではないかと思われる。そして、『金融商品に係る会計基準』の文言上は償却原価法の適用が認められるのは、「取得」と「金利の調整としての性格」とをみたす場合のみ適用されるもの（例外[11]）と位置付けられていることは明らかである。したがって、「類推適用」して、償却原価法の適用を認めることは〔平成17年改正前〕商法・会社法または会計基準との関係では適切なアプローチではなかろう。

他方、〔平成17年改正前〕商法の解釈としては、「斟酌」することのみが要求されているから、上述のように、「財産および損益の状態を明らか」にするという目的に照らして[12]、『金融商品に係る会計基準』から離脱することも許され[13]、Xが行った会計処理も許容されるという説明もあり得るところであったろう。

注

1　なお、Xは、以下のような流動化取引も行っていた。すなわち、Xは、保有する住宅ローン債権の一部（本件債権2。本件債権1と併せて「本件各債権」）を売却したが、Cは、Cを委託者、Xを受託者として、本件債権2をXに信託譲渡した。そして、Cは、Xから優先受益権（本件優先受益権2。本件優先受益権1と併せて「本件各優先受益権」という。）、メザニン受益権（本件メザニン受益権）および劣後受益権（本件劣後受益権2。本件劣後受益権1と併せて「本件各劣後受益権」という。）を受け取った後、本件メザニン受益権および本件劣後受益権2をXに譲渡した。Xは、これらの受益権についても本件劣後受益権1と同様の会計処理を行ったため、法人税の更正処分および加算税の賦課決定処分を受けた。

2　たとえば、大阪地判平成24・9・28は、「金融商品会計実務指針は、金融商品会計基準に従う企業においては同様に実施されることがほぼ確実なものということができる。そうすると、金融商品会計基準等については、例外的に慣行性を認めてよい」と判示した。これは、金融商品会計実務指針が『金融商品に係る会計基準の設定に関する意見書』における委任に基づいて策定されたこと、平成17年改正前商法32条2項の解釈上、『金融商品に係る会計基準』に従うことが上場会社には要求されていると考えられていたことと整合的である。

3　平成14年改正前商法285条ノ4第1項も「金銭債権ニ付テハ其ノ債権金額ヲ付スルコトヲ要ス但シ債権金額ヨリ高キ代金ニテ買入レタルトキハ相当ノ増額ヲ、債権金額ヨリ低キ代金ニテ買入レタルトキ其ノ他相当ノ理由アルトキハ相当ノ減額ヲ為スコトヲ得」と定めていた。

4　秋葉賢一「債権流動化における劣後受益権に関する収益認識—東京地裁平成24年11月2日判決」税務弘報61巻4号137頁（平成25年）。なお、商法または商法施行規則よりも会計基準により償却原価法の適用を広く認めることが許容されるのかという問題もあるが、「相当の理由」があれば「買入れ」の場合以外にも減額であれば許容されていた。

5　なお、企業会計基準委員会実務対応報告第23号『信託の会計処理に関する実務上の取扱い』（平成19年8月2日）Q3に対するAにおいては、「金融資産の信託（有価証券の信託を含む。）や不動産の信託などにおいて、受益者は、信託財産を直接保有する場合と同様の会計処理（信託導管論）を行うものとされている」とされ、貸出債権を信託財産とする信託の設定により受益権を取得しても、会計上は、「取得」とは評価せず、単に、資産のラベルが付け変わったのみであるという考え方によっているものとみることが自然であろう。

6　東京地判平成17・5・19判時1900号3頁は、企業会計の継続性の確保の観点から支障が生ずるような場合に、それに対する「手当がなされない場合には、変更後の処理基準が内容的にみて「公正なる会計慣行」に当たるといえる場合であっても、これが一定時間繰り返し行われることなく直ちに唯一のものとされることはできず、従前の処理基準に従った処理もまた「公正なる会計慣行」として存続することになる」としていた。また、京都地判平成15・9・24判時1863号119頁（控訴審判決である大阪高判平成16・5・25判時1863号115頁により是認）は、「公正な会計慣行に合致する会計基準は、一般的に複数存在することもあり得るのであって、原告の主張する会計基準が、唯一絶対のものであることを認めるに足りる証拠は」ないとした。また、法人税法22条4項及び2項の解釈に係るものであるが、最判平成5・11・25民集47巻9号5278頁。

7 最二小判平成20・7・18刑集62巻7号2101頁についての調査官解説においては、「新たな公正なる会計慣行が成立したからといって、即時に、それまで実務で繰り返し行われてきた公正なる会計慣行の正当性を排除し、両者の併存が否定されることにはならないと思われる。両者の会計慣行が必ずしも両立しない関係にある場合も同様である」と指摘されている（入江猛〈判解〉最高裁判所判例解説平成20年度刑事篇595頁）。

8 味村治ほか『新商法と企業会計』127頁［田辺発言］（財経詳報社、昭和49年）では、「斟酌」という場合には、「会計慣行そのものを考慮はいたしますけれども、学説なり原理、条理というようなものがそれよりも商法の目的から見てより優れて合理的で公正だというような場合、その原理等が未だ会計慣行として定着していなくても、それを採用することが認められる」とされていた。

9 矢沢惇「商法改正要綱における商法と企業会計原則—包括規定を中心として」産業経理30巻6号78頁以下（昭和45年）など。

10 矢沢・前掲注（9）79頁

11 なお、IFRS第9号でも償却原価法は一定の要件を満たさない限り適用できないものとされている。

12 控訴審判決が指摘するように、信託終了時の事業年度において、差額すべてが損失として計上されるというのでは、各事業年度のXの損益および財産の実態を表わさないことになるという見方はありうる。もっとも、本件劣後受益権1または2の価額と本件優先受益権1または2の価額との差は金利のみによって説明できるわけではなく、信用リスクの違いなどを反映しており、「取得価額と債権金額との差額の性格が金利の調整と認められるとき」（金利の調整部分が含まれているというだけでは十分ではない。）という要件を満たさない（したがって、どのように差額を期間配分することが適切であるかという問題が生ずる。）ように思われる。

13 公認会計士（および会計学の研究者）は裁判所または法律学の研究者に比べ、企業会計の基準の拘束力を強く認める傾向があるように思われ、Xの会計処理を適正なものであると監査人が判断した理論構成がどのようなものであったのかは興味がそそられる。

11 日本風力開発事件

――売上の認識

①第1審（東京地判平成28・2・26判時2324号93頁）（控訴されず、確定）

1 事案の概要

当初、日本風力開発（X）の主要なビジネスモデルは、風力発電機メーカーから輸入した風力発電機を風力発電所の建設会社に販売し（直接販売方式）、当該建設会社に、主に発電所子会社が建設する風力発電所に当該風力発電機を据え付けさせるというものであった（以下、風力発電機を発電所子会社が建設する風力発電所に据え付けることによってXがエンドユーザーとなる案件を「自社開発案件」という。）。しかし、連結決算上は、建設会社に風力発電機を販売した時点での販売利益を認めないという監査法人からの通告を受けたため、直接販売方式において得ていた販売利益相当額を連結決算上認識できる方策として、風力発電機メーカーと建設会社の風力発電機売買契約の斡旋をする対価（販売斡旋手数料）として、風力発電機メーカーから金銭を受け取るスキーム（代理店販売方式）を採用した。

ところが、Xが、その平成21年3月期に係る有価証券報告書およびその訂正報告書において、風力発電機メーカーであるAおよびBから受け取った販売斡旋手数料を「売上」として計上したことについて、平成25年3月29日に、証券取引等監視委員会が、当該売上計上は実態のない風力発電機販売斡旋取引に係る売上の計上であって「重要な事項につき虚偽の記載がある」と認められたとして、内閣総理大臣および金融庁長官に対し、課徴金納付命令および訂正報告書の提出命令を発出するよう勧告した。[1]これをうけて、平成25年4月21日に、関東財務局が訂正報告書の提出命令を、[2]平成26年8月28日に、金融庁が課徴金納付命令を、[3]それぞれ発した。そこで、Xが、それらの命令の取消しなどを求めて訴えを提起したのが本件である。

なお、Aとの販売斡旋契約では、「〈1〉日本国内の数箇所に限定した風力発電所建設案件（以下「対象案件」という。）及び対象案件毎に定めるそれぞれの数量に対する本製品の販売、〈2〉対象案件の建設請負会社（以下単に「客先」という。）との必要な連絡取次と契約締結までの補助業務、〈3〉その他前各号に付帯関連する業務で特に委託者の依頼したもの」とされ、Bとの販売斡旋契約では、「〈1〉本製品の販売促進のため必要な情報調査・収集・評価（需要動向調査、事業性評価、土地・風況観測調査）及び本製品の客先への紹介、〈2〉Bと客先との間の必要な連絡の取次と契約締結までの補助業務、〈3〉本製品に関するBと客先との間の契約締結業務、〈4〉その他前各号に付帯関連する業務で特にBの依頼したもの」とされていた。

自社開発案件においては、Xが、風況観測を行った上で事業の実現性や採算性を吟味し、地権者の同意取得、議会や自治会に対する説明、電力会社に対する系統連系の申込み等の準備行為を行い、事業として成熟した事案について補助金の交付申請を行うが、補助金の交付申請に先立ち、Xが、複数の建設会社に対して風力発電所の建設予定地の地図や使用する風力発電機の基数、風力発電機メーカーおよび機種等を記載した見積仕様書を送付して仮見積書の作成を依頼するなどした上、補助金の交付決定後に指名競争入札や見積合わせ等により建設会社を決定していた。案件ごとに、Xが、風力発電所の建設・運用主体として発電所子会社を設立し、風力発電機のエンドユーザーとすることが予定されていたが、発電所子会社は、Xの完全子会社であって、従業員等は存在せず、その代表取締役は、いずれもXの取締役が兼任していた。

Xの発電所子会社以外が事業主体となる風力発電所開発案件（他社開発案件）において、Xが風力発電機メーカーから販売斡旋手数料を受け取った例はなかった。たとえば、第三セクターであるCが事業主体となった案件において、Xが、Aに対し、販売斡旋手数料の支払を求めたところ、Xの事業以外で高額な販売斡旋手数料を支払うことは不可能であると思われ、そのような案件が発生した場合は、代行店またはXに販売する中で、Aの利益から支払うことのできる口銭で合意できるかどうか、それが顧客にとって利益になるかを判断することとなり、販売斡旋を行っている履歴、交渉の経緯等が全て明文化され、どこから見ても問題のないものでなければならないこと、第三セクターについては、不正が行われていないか、議会、議員の目が厳しく、マスコミの目を含めて耐えられる必要があるため、Xは口銭を受け取らない方がよいというのがAの経営陣、法務、弁護士の意見であること、どのような理由で販売斡旋手数料を支払うかは頭が痛く、風のデータでは無理であることなどを指摘し、Aの利益の中から販売斡旋手数料を支払うことはできない旨の回答がA

からあった。また、Xから代理店販売方式による契約の締結を持ちかけられたDは、手数料の支払には応じられないとしていた。

2 判決

XとAまたはBとの「販売斡旋契約では、…Xが、「本製品」（風力発電機）の「販売」ないし「客先への紹介」を中核とする斡旋業務を行い、AとBがこれに対する対価を支払うという形となっている。

しかしながら、本件各販売斡旋契約における「本製品」については、契約書上明記はされていないものの、…いずれも具体的な自社開発案件が念頭に置かれていたものである」。「自社開発案件においては、どの業者の風力発電機をどの建設業者に購入させるかは、Xが自社開発案件を実施するためにX自身が決定し得るものであって、上記両業者間の契約はそれに随伴するものにすぎない。そして、当該決定、それに関わる業者との調整作業、それに先立つ準備作業（本件B販売斡旋契約によれば、「本製品の販売促進のため必要な情報調査・収集・評価（需要動向調査、事業性評価、土地・風況観測調査）」（原文ママ）もまた、Xが自社開発案件を実施するために当然に必要となる作業の一環を成すものである。そうすると、本件各販売斡旋契約の上で風力発電機の提供業者のために行われるかのごとく定められているXの役務提供行為は、自社開発案件の場合には、つまるところ、Xが当該案件を自ら実施していくために当然に必要となる作業にすぎない。」「本件各案件が自社開発案件であることを前提とすると、Xが自ら実施する風力発電開発事業において当然に必要となる風力発電機の第一次的な採用という行為そのものについて、これが「販売」ないし「客先への紹介」を中核とする斡旋業務に当たるとみることは困難である…。そして、情報提供や各種調整、準備行為等についてみても、これらによって風力発電機メーカーが利益を受けるのは、結局のところ、Xが当該風力発電機メーカーの風力発電機を自社開発案件用のものとして自らのために選択するという決定をするからにほかならず、上記の準備、調整行為等それ自体によって利益を受けるものではない。したがって、X主張の役務提供行為に風力発電機メーカーから対価を得て行う斡旋といえるだけの実態があったとはいい難く、現に、Xから代理店販売方式による契約の締結を持ちかけられたDは、発電所子会社に納入されることが前提となっているのであれば手数料自体が不適切であるなどとして、その支払には応じられないとしていたところであって（エンドユーザーがXの子会社となるとXへのコミッションの理由付けがなくなり、Xへの口銭は適切な対価、費用と認められず、贈与とみなされるであろうとD側が認識していたことが認められる。）、このことは、自社開発案件の場合において、本件各販売斡旋取引における斡旋に、対価を支払うだけの実態がなかったことを端的に示しているものというべきである。」

「AやBは、本件各販売斡旋契約をXとの間で締結し、自社開発案件において手数料の支払を約したのであるが、これは、いずれの契約についても、風力発電機の発注時までに手数料を支払う必要がなく、しかも、同発注時には、風力発電機の代金の一部に加えて手数料相当分が建設業者から支払われることとなっており…、AやBにおいては手数料支払について何ら負担を負わない仕組みになっていたからこそ、Xの依頼に応じて同契約を締結したものと認められる。」

「Xは、市場や金融機関の信用を維持するなどの必要性等から、直接販売方式において計上していたのと同程度の売上高を計上すべく、その手段として本件各販売斡旋契約を締結したものであると推認することができる。そして、…同契約は、そこに定められたXの役務提供や対価の実態がないまま、当該役務提供による売上げがあった形とすることを専らの目的として締結されたものと解される。」

「「売上高は、実現主義の原則に従い、商品等の販売又は役務の給付によって実現したものに限る。」とするのが企業会計原則の考え方であるところ（企業会計原則第二の三B本文）、既に検討したところによれば、本件各販売斡旋契約は、Xが直接販売方式において計上していた売上高を維持するため、自社開発案件の場合において当然必要となる風力発電機及び建設会社の選択並びにその準備行為につき、その対価としての手数料の支払を定めたものであるが、その場合、同契約に基づく役務の提供及び対価のいずれも実態を有しないものである以上、当該手数料の支払は「役務の給付によって実現したもの」といえないから、これをもって売上高とすることはできないものというべきである。」

「Xは、単体決算においては、親会社と子会社は別々の主体として捉える必要があり、たとえ親会社の第三者に対する役務提供の対価が子会社から支出されたものであったとしても、全て収益として認識し計上することが必要となる旨も主張するが、これまで述べてきたとおり、本件各販売斡旋取引に係る役務提供及び対価のいずれも実態を有しないことからすると、単体決算においても、これを収益として認識し計上することはできないというべきである。」

3 収益の認識

本判決も引用しているように、我が国においては、「売上高は、実現主義の原則に従い、商品等の販売又は役務の給付によって実現したものに限る。」（『企業会計原則』第二 損益計算書原則 三B）とされ、収益の認識は実現主義によることが原則とされている。そこで、「実現した」とされるのはどのような要件が満たされたときなのかが問題となるが、経済安定本部企業会計基準審議会『税法と企業会計原則との調整に関する意見書（小委員会報告）』（昭和27年6月16日）では、「販売によって獲得した対価が当期の実現した収益である。販売基準に従えば、一会計期間の収益は、財貨または役務の移転に対する現金または現金等価物（手形、売掛債権等）その他の資産の取得による対価の成立によって立証されたときのみに実現する。」（総論 第一 二 実現主義の原則の適用）とされており、実現主義の下での収益認識要件として、一般に「財貨の移転又は役務の提供の完了」とそれに対する「対価の成立」が求められている。[4] 本判決も、役務提供および対価という2つの要件に言及しており、この枠組みによっているということができる。

ところが、これまで、（商法・会社法または証券取引法・金融商品取引法の文脈において）実現主義の下で、収益が実現したと評価できるかどうかについて判断を下した裁判例は見当たらなかった。したがって、本判決は、当該事案の事実関係を前提として、「契約に基づく役務の提供及び対価のいずれも実態を有しない」と判断した、めずらしい裁判例であるということができる。

4 役務の提供（の完了）

一般論としては、代金を払う側が、受けるサービスを代金に見合うと考えるのであれば、そのサービスが売上を計上する基礎となる役務の提供には当たらないと評価することは適当ではない。

本件に即していえば、AまたはBが販売斡旋契約によりXに期待する最も重要な役務提供は実質的な決定権限の行使に基づくAまたはBの機種の採用であり、XがAまたはBの風力発電機の採用を決定の上、AまたはBに発電子会社を紹介し、または発電子会社にAまたはBおよびその風力発電機を紹介すれば、Xにおける収益計上の前提となる役務提供としては十分であると考える余地がある。これは、発電子会社がXの完全子会社であり、Xがメーカーや機種を決定する実質的な決定権限を有している場合には、XがAまたはBの風力発電機の採用を決定の上、AまたはBに発電子会社を紹介し、または、発電子会社にAまたはBおよびその風力発電機を紹介すれば、事実上、AまたはBは販売できることになるからである。

実際、斡旋取引一般において、斡旋者が実質的な決定権限を有しており、その権限を行使しさえすれば斡旋対象の契約が実現できるという状況は少なからずみられる。たとえば、商社が権益を有している海外の資源等についての取引の場合、商社は、当該資源等について日本での独占的な斡旋仲介権を有していることが一般的であり、その場合には、日本で手数料の支払を前提に当該資源等をどの会社に取扱わせるかは、商社が決めることができる。しかし、この場合に、斡旋者が実質的な決定権限を有していることは、斡旋者による斡旋（役務）の価値を高めることはあっても低下させることはないと考えられる。

しかし、裁判所は、本件において、①風力発電機の提供業者のために行われることとされている「Xの役務提供行為は、自社開発案件の場合には…Xが当該案件を自ら実施していくために当然に必要となる作業にすぎない」こと、②Xの発電所子会社以外が事業主体となる風力発電所開発案件（他社開発案件）において、Aは販売斡旋手数料をXに支払わず、Xが風力発電機メーカーから販売斡旋手数料を受け取った例はなかったこと（Dは、発電所子会社に納入されることが前提となっているのであれば手数料自体が不適切であるなどとして、その支払には応じられないとしていた。）、③AやBにおいては手数料支払について何ら負担を負わない仕組みになっていたこと、④経緯に照らすと、直接販売方式において計上していたのと同程度の売上高を計上すべく、その手段として本件各販売斡旋契約を締結したものであると推認することができることなどから、AおよびBにとって、Xの「販売斡旋」活動は「販売斡旋手数料」を支払うに値しないものであったと判断しており、上記の一般論が当てはまらず、その結果、収益認識の基礎となる役務の提供がなかったという結論を導くことになったとみることができよう。①は、X自体にとって必要な行為であっても、同時に、AまたはBに利益を与える行為でありうることからすれば、Xの「販売斡旋」活動がAまたはBにとって価値のないものであったとする根拠とは必ずしもならないが、②は、Xの「販売斡旋」活動が「販売斡旋手数料」を支払うに値しないものであったと裁判所が判断する強い論拠であったとみることができそうである。もし、「販売斡旋手数料」を支払うに値しないものであれば、他社開発案件においても手数料が支払われていたであろうし、「どのような理由で販売斡旋手数料を支払うかは頭が痛く、風のデータでは無理である」というAの反応は考えられないからである。そのうえで、③および④はそれを補強する論拠と位置付けられるように思われる。

5 対価の成立

役務の提供の実態がないことについての判示が詳細かつ丁寧になされているのに対し、対価の成立を認めていない部分はかなり乱暴であるという見方が可能である。すなわち、役務の提供の実態がないから、その対価の実態もないと理由付けているように思われるが、実現主義における「対価の成立」とは、「現金又は現金等価物（手形、売掛債権等）その他の資産の取得」を意味しているのであって、「役務の提供（の完了）」という要件とは一応独立した要件である。「風力発電機の発注時までに手数料を支払う必要がなく、しかも、同発注時には、風力発電機の代金の一部に加えて手数料相当分が建設業者から支払われることとなっており…、AやBにおいては手数料支払について何ら負担を負わない仕組みになっていた」と判示しているが、手数料支払分だけ、AやBの利益は（全体としては当該取引から得られる利益額が許容範囲に入っているとはいえ）減少するのであるから、「手数料支払について何ら負担を負わない」と言い切れるのかという問題はあろう（もっとも、本判決は、このことを主たる根拠として、対価に実態がないと判示しているわけではない。）。対価の支払が合意されているにも関わらず、対価の実態がないと評価されうるのは、典型的に、売上計上後に買主に対して多額の返金または大幅な値引きが見込まれているなど、形式的には対価が合意されているものの、現実には支払われないことが見込まれているような場合である。現実に支払が行われる場合に、対価の実態がないと評価することには慎重であるべきであろう。

たしかに、Xが収受した販売斡旋手数料相当額が風力発電機の代金に上乗せされてXの完全子会社である発電所子会社が最終的には負担していることから、連結財務諸表の作成に当たっては、未実現利益の消去を行う必要はあり得る。しかし、この消去はあくまで連結財務諸表作成上の処理であって、この場合においても、個別財務諸表における収益計上が否定されることになるわけではない。これは、法人格否認の法理により形骸化を理由として法人格が否定されるようなケースであれば格別、子会社が完全子会社であったとしても異なるところはない。たとえば、親会社から完全子会社へ役務が提供され、完全子会社から親会社にその対価が支払われた場合には、連結財務諸表上は取引が消去され収益計上が行われないことになるが、親会社の個別財務諸表上は収益計上しなければならない。すなわち、個別財務諸表において、資産・負債、収益・費用を計上すべきかどうかを判断するに当たって、親会社と（完全）子会社が経済的・実質的に同一であるか否かは問題としないのが企業会計の前提である（上述したように、法人格に着目して、個別財務諸表の作成は行われている。）。そうであれば、個別財務諸表作成に当たっては、（完全）子会社が親会社に支払われる対価につき実質的に資金負担していると安易に評価することによって、その対価としての実態がないと帰結する考え方をとることは個別財務諸表作成の前提と相いれないことになる。

もっとも、収益を認識するにふさわしい役務の提供の実態がないということを認定すれば、計上は認められないということになるから、本判決のこの点での判示が説得力を欠いていても、売上の計上は認められないという結論の当否に影響を及ぼすわけではない。

注

1 http://www.fsa.go.jp/sesc/news/c_2013/2013/20130329-1.htm（課徴金納付命令）および http://www.fsa.go.jp/sesc/news/c_2013/2013/20130329-2.htm（訂正報告書提出命令）

2 http://kantou.mof.go.jp/disclo/pagekthp01900012.html

3 http://www.fsa.go.jp/policy/kachoukin/05/2014/27.pdf（平成24年度（判）第41号金融商品取引法違反審判事件）

4 『商法と企業会計の調整に関する研究会報告書』（平成10年6月16日）は、『企業会計原則』は、（平成17年改正前商法）32条2項にいう「公正ナル会計慣行」の中心をなすものと解されていると指摘している。学説（および裁判例）として、『企業会計原則』の貸借対照表原則に対しては批判的な見解がしばしば述べられたものの、損益計算書原則に対する批判はみられず、（証券取引法・金融商品取引法の文脈においてのみならず）商法・会社法上受けいれられてきた。

5 現金または現金等価物の獲得があれば、受贈益などの特別利益（場合によっては、営業外収益）が計上されることはありえよう。

12 ＩＨＩ事件

――工事進行基準と総発生原価見通し

①第１審（東京地判平成26・11・27証券取引被害判例セレクト49巻１頁）
②控訴審（東京高判平成29・２・23資料版商事法務４０２号61頁）（上告・上告受理申立）

1 事案の概要

東京証券取引所第一部等に株式を上場しているＩＨＩ（Ｙ）は、平成18年12月15日に平成18年9月中間期半期報告書（本件半期報告書）を、平成19年6月27日に平成19年3月期有価証券報告書（本件有価証券報告書。本件半期報告書と併せて、以下「本件各報告書」という。）を、それぞれ、関東財務局に提出した。

ところが、Ｙは、平成19年9月28日付けで、「調査委員会では、平成19年3月期決算に織り込まれたコストダウン施策を平成19年9月の時点で再評価し、実現性の低いものを損失として算定したところ、その金額は約２８０億円になりました。一方、平成19年3月時に作成されたプロジェクトの進捗に関する資料を再度点検したところ、見積等に甘いものがあり、その部分についてはさかのぼって訂正すべき可能性があり、したがって、約２８０億円の一部に平成19年３月期決算に影響するものが含まれている可能性が出てまいりました。」との記載を含む、「過年度決算発表訂正の可能性に関するお知らせ」と題する書面（９月28日付け適時開示（過年度））を公表した（本件公表）。

その後、Ｙは、平成19年12月27日に、関東財務局に対し、訂正報告書を提出した。なお、本件有価証券報告書の訂正報告書には、「コストダウン効果の評価を見直すべき時期や見積原価への織り込み漏れなどの過誤が判明したため、連結財務諸表等及び財務諸表等の記載内容について見直しを行いました。」との記載があり、本件半期報告書の訂正報告書にも同趣旨の記載があった。

また、証券取引等監視委員会は、平成20年６月19日に、内閣総理大臣及び金融庁長官に対し、課徴金納付命令を発出するよう勧告を行った。[1] この勧告においては、Ｙは、売上の過大計上及び売上原価の過少計上等により、〈１〉連結中間純損益が１００億９５００万円の損失であったにもかかわらず、これを28億１７００万円の損失と記載するなどした中間連結損益計算書を掲載した本件半期報告書を提出し、〈２〉連結当期純損益が45億９３００万円の損失であったにもかかわらず、これを１５８億２５００万円の利益と記載するなどした連結損益計算書を掲載した本件有価証券報告書をそれぞれ関東財務局長に対して提出し、もって「重要な事項につき虚偽の記載がある」有価証券報告書等を提出したなどと指摘されていた。Ｙは、審判手続において、課徴金に係る金融商品取引法１７８条１項各号に掲げる事実及び納付すべき課徴金の額を認める旨の答弁書を提出し、金融庁長官は、課徴金の納付を命ずる旨の決定をし、[2] Ｙは、課徴金を国庫に納付した。

そこで、流通市場または発行市場においてＹ株式を取得したX_1らが、本件各報告書中には重要な事項について虚偽の記載があり、虚偽の記載に係る情報を信用してＹ株式を取得したことにより損害を被ったなどと主張して、Ｙに対し、賠償を求めたのが本件である。

2　第1審判決

「金商法の規定により提出される貸借対照表、損益計算書その他の財務計算に関する書類は、一般に公正妥当であると認められる企業会計の基準に従って作成されなければならない（金商法193条、財務諸表等の用語、様式及び作成方法に関する規則1条、連結財務諸表規則1条等）。

そして、長期の未完成請負工事については、収益の認識に関して、工事が完成し、その引渡しが完了した日に工事収益の認識を行う方法（工事完成基準）と、工事の完成、引渡しより前の時点において、決算期末に、工事進行程度を見積もり、適正な工事収益率によって合理的な収益を見積もって工事収益の認識を行う方法（工事進行基準）が認められている（企業会計原則第二3Bただし書）。」

「金商法の規定に基づいて提出される貸借対照表、損益計算書その他の財務計算に関する書類は、一般に公正妥当であると認められる企業会計の基準に従って作成されなければならないところ、本件各報告書も、かかる企業会計基準に従って作成されなければならず、これを逸脱した場合には、金商法18条、21条の2にいう「虚偽の記載」に該当するというべきである。

Ｙは、工期2年以上で請負金額30億円以上の工事については工事進行基準により、それ以外の工事は工事完成基準により工事収益の認識を行っていたところ、工事進行基準会計においては、総発生原価見通しという未確定な原価の見通しを行うことにより期間損益を認識することとなるため、工事進行程度の算定における信頼性は、工事総原価の見積りに大きく依存することになる（工事総原価を過少に見積もると、進捗度が上がり、工事進行基準売上高が上がり、結果として、売上総利益が過大となる。）ことから、その判断には慎重さが求められるが、他方において、当該見積りの時点においては、それが将来の予測に係るものであるという性質上、算定に当たって一定の幅が存在することも否定できない。

したがって、工事進行基準における過去の総発生原価見通しが不適正であったために過年度決算における期間損益の配分が不適正となったか否かの判断は、当時の時点で認識可能であった事実を前提として、企業会計準則の裁量を逸脱するものであったか否かによって判断するのが相当である。」

「「過年度遡及修正会計基準」…においても、「我が国の従来の取扱いにおいては、会計上の見積りの変更をした場合、過去の財務諸表に遡って処理することは求められていない。」、「検討の結果、本会計準則では、会計上の見積りの変更に関しては従来の取扱いを踏襲し、過去に遡って処理せず、その影響を当期以降の財務諸表において認識することとした。」と理解されており、他方、財務諸表作成時に入手可能な情報を使用しなかったか、これを誤用したことによる「誤謬」、すなわち「財務諸表の基礎となるデータの収集又は処理上の誤り」等の訂正の場合には、「我が国における会計上の誤謬の取扱いとしては、前期損益修正項目として当期の損益で修正する方法が示されており、過年度の誤謬を修正再表示する方法は定められていな」かった（論点整理89項）ものの、「会計上の取扱いとは別に、制度上、証券取引法（金融商品取引法）に基づいて訂正報告書を提出し、そのなかで過年度財務諸表を修正再表示しなければならない場合があ」った（同90項）のであるから、平成19年当時の企業会計原則ないしその実務慣行として、一般に、会計上の見積りの変更の場合は過年度に遡及した修正は行われていなかったことは明らかであって、他方において、会計上の取扱いとは別に、過年度に遡及した訂正が相応の根拠をもって行われる場合としては、財務諸表作成時に入手可能な情報を使用しなかったか、これを誤用したことによる「誤謬」があった場合等に限られていたというべきである。

∴平成19年12月14日当時、企業会計基準委員会による「過年度遡及修正会計基準」は公表されておらず、「過去の誤謬」を訂正する場合以外には過年度の財務諸表を遡及修正することが一切禁止されるという取扱いが確定していたとまで断ずることはできないが、前記認定事実を踏まえれば、同基準制定以前から、一般に会計上の見積りの変更の場合には過去に遡って処理しないことが我が国の公正なる会計慣行として定着していたというべきであるし、このことは、一旦信頼性のある見積りに基づいて開示された財務情報が「会計上の見積りの変更」によって過年度に遡って訂正されることが比較的容易に発生することになると、投資家の判断の前提を失わせることになり、財務情報提供目的を本則とする会計原則に反することになることに照らしても明らかである。」

「Y自身が本件各報告書について過年度訂正をしており、その訂正額も極めて大きな額に達していること、社内調査委員会による報告等のYにおける調査結果や証券取引等監視委員会による検査報告書において、過年度決算訂正の具体的な理由、更にはその発生原因についても具体的に明らかにされており、しかも、その内容も十分合理的であって終始一貫しており、その内容は信用できること、Ｙが金融庁長官による課徴金納付命令を自認して多額の課徴金の支払をしていることなどに照らすと、本件各報告書の過年度訂正は、上記検査報告書等において指摘されているとおり、Ｙの中核事業の一つであるエネルギー・プラント事業の長期大規模工事で適用している工事進行基準会計において、不適正な原価の圧縮や期末において原価として計上すべき費用の把握漏れにより工事の総発生原価見通しが過少に見積もられ、これに伴う工事進捗率の上昇により売上が過大に計上されたこと等により、利益が過大に計上されたことが原因となっているというべきであって、企業会計準則の裁量を逸脱するものであったということができるから、本件各報告書には、「虚偽の記載」があったと認めるのが相当である。」

3 控訴審判決

金商法の規定に基づいて提出される貸借対照表、損益計算書その他の財務計算に関する書類は、一般に公正妥当と認められる企業会計の基準に従って作成されなければならないところ、本件各報告書の記載がかかる一般に公正妥当であると認められる企業会計の基準を逸脱するものである場合には、金商法18条、21条の2にいう「虚偽の記載」に該当する」。「収益計上の不確実性を極力排除して適正な損益計算を行うためには、精緻な上記〔工事総原価の―引用者〕見積りが必要であり、その判断には慎重さが求められるが、他方において、当該見積りの時点においては、それが将来の予測に係るものであるという性質上、算定に当たって一定の幅が存在することも否定することができない。

　したがって、工事進行基準における過去の総発生原価見通しが不適正であったために過年度決算における期間損益の配分が不適正となったか否かの判断においては、当該決算時点で認識可能であった事実を前提として、企業会計準則の裁量を逸脱するものであったか否かによって決するのが相当である」。

「平成19年当時の企業会計原則ないしその実務慣行として、一般に、会計上の見積りの変更の場合には過年度に遡及した修正が行われていなかったことを考慮しても、このことのみをもって「過去の誤謬」を訂正する場合以外には過年度の財務諸表を遡及修正することが一切禁止されるという取扱いが確定していたとまで断ずることはできない」。「平成19年12月14日当時には過年度遡及修正会計基準は公表されておらず、…「過去の誤謬」を訂正する場合以外には過年度の財務諸表を遡及修正することが一切禁止されるという取扱いが確定していたとまで断ずることはできないものの、一般に会計上の見積りの変更の場合には原則として過去に遡って処理しないことが我が国の公正なる会計慣行として定着していたというべきである」。

　証券取引等監視委員会の検査報告書やYの社外調査報告書等の「内容は合理的であって終始一貫しており、十分信用できるものというべきである」。「本件各報告書の過年度訂正は、上記検査報告書等において指摘されているとおり、Yの中核事業の一つであるエネルギー・プラント事業の長期大規模工事で適用している工事進行基準会計において、不適正な原価の圧縮や期末において原価として計上すべき費用の把握漏れにより工事の総発生原価見通しが過少に見積もられ、これに伴う工事進捗率の上昇により売上が過大に計上されたこと等により、利益が過大に計上されたことが原因となっているというべきであって、企業会計準則の裁量を逸脱するものであったということができるから、本件各報告書には「虚偽の記載」（本件虚偽記載）があったと推認するのが相当である」。「個別工事に関し、証券取引等監視委員会の検査報告書の分類に従い、総発生原価見通しの判断の際に認識可能であった事実を前提として、検討を加えることとするが」、Ｙが行った投資家向け開示及び東京証券取引所等に提出した報告書などの経緯、証券取引等監視委員会の検査報告書やＹの社外調査報告書等の記載内容ならびにそれに基づく推認「にも照らせば、当該個別工事に係る会計処理が企業会計準則の裁量を逸脱するものでないことが具体的な証拠資料に基づいて極めて明白であると認められるような特段の事情がない限り、…本件虚偽記載の推認を覆すには足りないものと解するのが相当である。」

4　見積りと会計基準違反

第1審判決（控訴審判決も同趣旨）は、見積りが必要とされる会計処理との関連で「当該見積りの時点においては、それが将来の予測に係るものであるという性質上、算定に当たって一定の幅が存在することも否定できない」、「工事進行基準における過去の総発生原価見通しが不適正であったために過年度決算における期間損益の配分が不適正となったか否かの判断は、当時の時点で認識可能であった事実を前提として、企業会計準則の裁量を逸脱するものであったか否かによって判断するのが相当である」としている。一般に公正妥当と認められる企業会計の基準に違反したと評価されるかどうかは、見積り「当時の時点で認識可能であった事実を前提」とし、「一定の幅が存在する」、「裁量を逸脱するものであったか否か」とすることによって、後知恵の危険を排除しようとする点では、いわゆる経営判断の原則と共通する判断枠組みを採用している。

三洋電機事件（本書76頁）に係る大阪地判平成24・9・28においても、「回復可能性は、会計上の見積りの一態様であって、…経営者の行った見積りの合理性の有無という観点から判断され、ある程度の許容範囲も認められていた」と判示されていたが、本事件においては、「企業会計準則の裁量を逸脱するものであったか否か」という形で定式化されている。また、同判決では、「回復可能性の判断については、これに関する経営者の判断の合理性の有無という観点から決する」とされていたが、本判決では、見積り「当時の時点で認識可能であった事実を前提」としてとされており、経営判断原則により近い一般的な定式化がなされている。

5　過年度遡及会計基準と訂正報告書

おそらく、訴訟当事者の主張を前提として、第1審判決は、「一般に会計上の見積りの変更の場合には過去に遡って処理しないことが我が国の公正なる会計慣行として定着していたというべきであるし、このことは、一旦信頼性のある見積りに基づいて開示された財務情報が「会計上の見積りの変更」によって過年度に遡って訂正されることが比較的容易に発生することになると、投資家の判断の前提を失わせることになり、財務情報提供目的を本則とする会計原則に反することになる」（圏点──引用者）と判示したのであろうが、──訂正という表現が適切であるかどうかも疑わしいが――これは必ずしも説得力を有しないのではないかと思われる。なぜなら、会計上の見積りの変更の場合に遡及修正を行った情報を追加的に提供することは、当年度以降の財務情報と過年度の財務情報との比較可能性を高めるという見方もできるからである（会計上の見積りの変更の場合には過去に遡って修正しないという実務は、過年度遡及修正は財務諸表作成者に負荷をかけることになるから、それを要求しないということが主たる根拠であると考えられ[3]、遡及修正を行うと財務諸表の利用者を誤導することになることを根拠とするものではないように思われる。）。そうだとすれば、「会計上の見積りの変更」の場合に遡及修正することが不適切であるとまでは言う必要はないということになる。

しかし、第1審判決の最大の問題点は、証券取引法（金融商品取引法）の下での訂正報告書制度に言及しつつも、企業会計基準第24号「会計上の変更及び誤謬の訂正に関する会計基準」の下での過年度遡及修正の意味を的確に捉えていない点である[4]。すなわち、金融商品取引法上の訂正報告書を提出する場合には、そもそも、その対象期間については、誤謬を理由とする（企業会計基準第24号の下での）過年度遡及修正は行われないのであって、金融商品取引法との関係では、企業会計基準第24号は空振りという状況となっている。本件のように、訂正報告書が提出された事案についていえば、それが適切であったかどうかは、企業会計基準第24号と関係なく、金融商品取引法上、「会計上の見積りの変更」を理由として、訂正報告書を提出することが認められるのかという問題として検討すべきだったのではないかと思われる。金融商品取引法7条1項（24条の2により有価証券報告書に準用、24条の5第5項により半期報告書に準用）は、「届出書類に記載すべき重要な事項の変更その他公益又は投資者保護のため当該書類の内容を訂正する必要があるものとして内閣府令で定める事情があるときは、届出者（会社の成立後は、その会社。以下同じ。）は、訂正届出書を内閣総理大臣に提出しなければならない。これらの事由がない場合において、届出者が当該届出書類のうちに訂正を必要とするものがあると認めたときも、同様とする。」（圏点―引用者）と定めており、誤謬がある場合のみ訂正報告書が提出されるわけではなく、投資者保護のために（情報提供の観点から）訂正を必要とするものがあると提出者が認めた場合には訂正報告書が提出されることが予定されていることとの関係が問題となろう（他方、控訴審判決は、「一般に会計上の見積りの変更の場合には原則として過去に遡って処理しないことが我が国の公正なる会計慣行として定着していた」（圏点―引用者）としつつも、「「過去の誤謬」を訂正する場合以外には過年度の財務諸表を遡及修正することが一切禁止されるという取扱いが確定していたとまでは断ずることはできない」としており、この判示は穏当であると思われる。）。

6　総発生原価見通しの判断の際に認識可能であった事実

控訴審判決は、社内調査委員会の調査結果を前提として訂正報告書を提出したことや課徴金納付に応じたことを根拠の1つとして、「虚偽の記載」があったことが推認されるとしており、そのような推認は、「当該個別工事に係る会計処理が企業会計準則の裁量を逸脱するものでないことが具体的な証拠資料に基づいて極めて明白であると認められるような特段の事情」がない限り覆すことができないとしている点でこれまでの裁判例にはみられない特徴を有している。少なくとも、これまでの裁判例においては、訂正報告書を提出したことや虚偽記載を理由とする課徴金納付に応じたことのみでは、そのような強い推認が働くとはされてこなかった（前掲大阪地判平成24・9・28及び大阪高判平成25・12・26はこのような推認は行っていないし、やや文脈は異なるが、ビックカメラ事件（本書64頁）に係る東京地判平成25・12・26及び東京高判平成26・4・24はこのような推認は不適切であるという立場をとっていた。）。

また、証券取引等監視委員会による検査報告書は、攻撃防御が尽くされた結果を内容とするものではなく、また、検査対象となった発行者がその内容について承認したものでもないのであるという限界を有しており、いわば、一方当事者の主張と位置付けられるものにすぎず、「一般論としては」、これを根拠に、特段の事情がない限り覆すことができないような、ある「会計処理が企業会計準則の裁量を逸脱するものである」という強い推認をもたらすと理解することには、無理があるように思われる（他方、検査報告書やＹの内部調査委員会および社外調査委員会の報告書の内容が具体的で、かつ、これらの内容に齟齬がみられないことが、それらの証拠力を高めることになるということは自然である。）。

もっとも、第1審判決も控訴審判決も、争点となった個別工事について、きわめて詳細で入念な検討を加えており（この点は、これまでの裁判例にはみられない特徴である。）、Ｙにおいて、コストダウンなどを前提として原価圧縮が可能であることを裏付ける的確な根拠なしに、楽観的に総発生原価見通しを維持したと、検査報告書などに過度に依存することなく、自ら証拠に基づいて認定していると見る余地はある。会計処理に当たって、判断の基礎となる情報を十分に収集することを強く求めた裁判例と位置付けることもできよう。

注

1 http://www.fsa.go.jp/sesc/news/c_2008/2008/20080619.htm

2 http://www.fsa.go.jp/news/20/syouken/20080709-1.html

3 第1審判決も引用するように、企業会計基準第24号においては「我が国の従来の取扱いにおいては、会計上の見積りの変更をした場合、過去の財務諸表に遡って処理することは求められていない。」（圏点―引用者）と指摘されているのであって（第55項）、「禁止されている」と指摘されているわけではない。『過年度遡及修正に関する論点の整理』では、「我が国においては、耐用年数の見積りの変更に関し、過年度に相当する影響額を算定した上で、過年度損益の修正として当該変更期間の損益計算書の特別損失に計上する実務（臨時償却）があり、見積りの変更を過年度財務諸表に反映しないとした場合でも、これらの処理との関係などを整理する必要があるものと考えられる」と指摘されていた（第71項）。また、企業会計基準第24号においても、「仮に、見積りの変更について遡及適用を行うとした場合には」とか「減価償却方法の変更について遡及適用を求める場合には、耐用年数の変更についても可能な限り遡及適用することを求めることになるとの考え方もある」という記載がみられる（注18）。

4 企業会計基準第24号は、過年度の財務諸表を修正あるいは訂正するものではなく、当該事業年度（および比較情報の対象年度）の期首剰余金を変動させ、当該事業年度（および比較情報の対象年度）の損益に過年度損益修正損益を反映させないというものである。

5 なお、平成22年5月6日に、東京地裁民事31部が、証券取引等監視委員会の検査報告書につき文書提出命令（平成21年（モ）第805号）を発したという点で、この事件は注目に値するものであった。

13 ツノダ事件

——事業部門ごとの営業損益の記載の要否

①第1審（名古屋地判平成29・2・10金判1525号50頁）
（控訴されず、確定）

1 事案の概要

株式会社ツノダ（Z）の株主であるXが、Zの取締役であるY_1ないしY_3（あわせて被告取締役ら）には、平成20年9月25日から平成27年9月28日まで、毎年、業績等の概要として自転車部門の営業損益を開示しない有価証券報告書を提出したことおよび損益がプラスになる見込みのない自転車部門の営業を継続したことなどについての法令違反および善管注意義務違反があり、Zの監査役または元監査役のY_4ないしY_7には、被告取締役らの当該法令違反および善管注意義務違反に対して何らの対応もしなかったという善管注意義務違反があり、これらによりZが損害を被ったとして、Y_1らに対し、連帯して、Zへの会社法423条1項に基づく損害賠償及び遅延損害金支払をするよう求めて、株主代表訴訟を提起したのが本件である。

2 判決

「ア　金商法24条1項は、有価証券の発行者である会社は、事業年度ごとに、当該会社の商号、当該会社の属する企業集団及び当該会社の経理の状況その他事業の内容に関する重要な事項その他の公益又は投資者保護のため必要かつ適当なものとして内閣府令で定める事項を記載した有価証券報告書を内閣総理大臣に提出しなければならない旨を定めている。

これを受けて、令〔企業内容等の開示に関する内閣府令―引用者〕15条1号イは、財務局長等に提出すべき有価証券報告書の様式を定めているところ、Zが使用すべき第三号様式には、第一部【企業情報】の第2【事業の状況】の1に【業績等の概要】という項目が設けられており、同項目は、最近事業年度等における業績及びキャッシュ・フローの状況について、前年同期と比較して分析的に記載すること、なお、業績については、セグメント情報に記載された区分により記載することとされている。

イ　金商法24条1項の規定及び令15条1号イが定める第三号様式のうち「業績等の概要」の内容は、前記アのとおりにとどまるところ、これらの規定の文言上、有価証券報告書に、事業セグメント別の業績として、Xが主張するような事業部門ごとの営業損益を記載すべきことが要求されているものではない。また、複数の事業部門を有する会社において、各事業部門に関係する一般経費が存在し、これを各事業部門に割り付けることが困難な場合もあると考えられることからすると、上記法令の解釈によって、有価証券報告書に事業部門ごとの営業損益を記載すべきことが要求されているという結論を導き出すこともできない。

Xは、〔1〕Zの株主総会において会社の目的から自転車部門を削除する定款変更の議案が毎年提出されて4分の1以上もの株主から賛成を集めていること、〔2〕Zの自転車部門の営業損益は大幅な赤字であることを理由に、Zにおいては、事業部門別の業績として、営業損益を有価証券報告書に記載しなければならない旨主張するが、有価証券報告書の記載事項は、法令によって詳細に定められているのであるから、Xの主張するような事由が存したとしても、そのために、有価証券報告書に事業部門ごとの営業損益を記載することが法令で義務づけられると解することは困難である。

したがって、Y_1らにおいて有価証券報告書に自転車部門の営業損益を記載しなかったことが、法令違反に当たるということはできない。
ウ　Xは、自転車部門の営業損益を記載しない有価証券報告書を提出することは自転車部門の営業損益を隠蔽し、株主総会における株主の権利行使を妨害するものであるから、Y_1らが有価証券報告書に自転車部門の営業損益を記載しなかったことは、善管注意義務違反に当たる旨主張する。
しかしながら、前記イのとおり、金商法及び令が有価証券報告書に事業部門ごとの営業損益を記載すべき法的義務を定めているとは認められないのであるから、Y_1らがこれを記載しなかったとしても、それは法令に従った行為であり、そのことが営業損益の隠蔽や株主の権利行使に対する妨害に当たると評価することはできず、また、善管注意義務違反に当たるともいえない。」

3 業績等の概要

本判決は、①企業内容等の開示に関する内閣府令（以下、「開示府令」という。）第三号様式のうち「業績等の概要」の内容は、「最近事業年度等における業績及びキャッシュ・フローの状況について、前年同期と比較して分析的に記載すること」、「業績については、セグメント情報に記載された区分により記載すること」に「とどまる」とし、②「これらの規定の文言上、有価証券報告書に、事業セグメント別の業績として、Xが主張するような事業部門ごとの営業損益を記載すべきことが要求されているものではない。」との判断を示している。

開示府令第三号様式記載上の注意（10）では、業績等の概要は「第二号様式記載上の注意（30）に準じて記載すること。」とされ、第二号様式記載上の注意（30）の、たとえば、aが「最近連結会計年度及び（61）ただし書により四半期連結貸借対照表（指定国際会計基準により四半期連結財務諸表を作成した場合（四半期連結財務諸表規則第93条の規定により指定国際会計基準による四半期連結財務諸表を作成した場合に限る。以下この様式において同じ。）又は修正国際基準により四半期連結財務諸表を作成した場合（四半期連結財務諸表規則第94条の規定により修正国際基準による四半期連結財務諸表を作成した場合に限る。以下この様式において同じ。）にあっては、四半期連結貸借対照表に相当するものをいう。以下この様式において同じ。）を掲げた場合にあっては当該四半期連結貸借対照表に係る四半期連結累計期間（四半期財務諸表等規則第3条第7号に規定する四半期連結累計期間をいう。以下この様式において同じ。）又は中間連結貸借対照表（指定国際会計基準により中間連結財務諸表を作成した場合（中間連結財務諸表規則第87条の規定により指定国際会計基準による中間連結財務諸表を作成した場合に限る。以下この様式において同じ。）又は修正国際基準により中間連結財務諸表を作成した場合（中間連結財務諸表規則第88条の規定により修正国際基準による中間連結財務諸表を作成した場合に限る。以下この様式において同じ。）にあっては、中間連結貸借対照表に相当するものをいう。以下この様式において同じ。）を掲げた場合にあっては当該中間連結貸借対照表に係る中間連結会計期間（以下この様式において「最近連結会計年度等」という。）における業績及びキャッシュ・フロー（指定国際会計基準又は修正国際基準により連結財務諸表を作成した場合は、これに相当するもの。以下この様式において同じ。）の状況（キャッシュ・フローの状況については、(64)ただし書により四半期連結キャッシュ・フロー計算書を掲げた場合の当該四半期連結累計期間又は中間連結キャッシュ・フロー計算書を掲げた場合の当該連結会計年度の中間連結会計期間に係るものに限る。）について、前年同期（前年同四半期連結累計期間又は前中間連結会計期間を除く。）と比較して分析的に記載すること。なお、業績については、セグメント情報に記載された区分により記載すること。」（圏点—引用者）と定められている。これを、本判決は、①のように判示したものと推測される。

開示府令において、「業績」は定義されていないため、解釈に委ねられているが、「複数の事業部門を有する会社において、各事業部門に関係する一般経費が存在し、これを各事業部門に割り付けることが困難な場合もあると考えられることからすると、…有価証券報告書に事業部門ごとの営業損益を記載すべきことが要求されているという結論を導き出すこともできない。」と判示していることからは、本判決は、営業損益は「業績」に当たらないと解しているのではないかと推測される。

しかし、営業損益は「業績」に当たらないと解することは必ずしも説得力があるとはいえないように思われる。

第1に、「業績及びキャッシュ・フロー…の状況」という表現からは「業績」は「経営成績」とほぼ同義なのではないかと考えられるからである。すなわち、財務諸表等の監査証明に関する内閣府令4条1項1号ニによれば、金融商品取引法との関連において監査人の監査報告で表明される意見は、「監査の対象となつた財務諸表等が、一般に公正妥当と認められる企業会計の基準に準拠して、当該財務諸表等に係る事業年度（連結財務諸表の場合には、連結会計年度。以下同じ。）の財政状態、経営成績及びキャッシュ・フローの状況を全ての重要な点において適正に表示しているかどうかについての意見」であり、「業績及びキャッシュ・フロー…の状況」は「経営成績及びキャッシュ・フローの状況」とパラレルな表現であると考えるのが自然だからである。

第2に、証券取引との関連での開示制度において、いわゆる業績予想は重要な情報であると考えられてきたが、業績予想開示においては、売上高、営業利益、経常利益、当期純利益、1株当たり当期純利益及び1株当たり配当金の予想値が公表されてきたのであって[1]、営業利益は典型的な「業績」数値であるとみることができるからである。

第3に、平成21年3月24日改正前連結財務諸表規則15条の2第1項は、「連結会社が二以上の異なる種類の事業を営んでいる場合には、事業の種類ごとの区分に従い、当該区分に属する売上高、営業利益金額又は営業損失金額及び資産の金額（以下この条において「売上高等」という。）、減価償却費並びに資本的支出の金額（以下「事業の種類別セグメント情報」という。）を、様式第一号に定めるところにより注記しなければならない。」（圏点―引用者）と定めていたのであって、セグメントごとの営業利益または営業損失の額は典型的な業績であると考えられていたのではないかと思われるからである。

もっとも、第79期（平成26年7月1日―平成27年6月30日）以降の有価証券報告書においては、セグメント情報に記載された区分は、「賃貸不動産事業」の1区分となっており、記載上の注意に照らせば、自転車事業に係る業績を「業績等の概要」に記載することは要求されなくなったと解される。

4 セグメント開示基準

一般に公正妥当と認められる企業会計の基準に当たると解されている「企業会計基準第17号 セグメント情報等の開示に関する会計基準」では、「報告セグメントの利益（又は損失）、資産、負債及びその他の重要な項目の額並びにその測定方法に関する事項を開示しなければならない」とされ（17項）、企業は、「各報告セグメントの利益（又は損失）及び資産の額を開示しなければならない」とされている（19項）。自転車部門は事業セグメントに当たると考えられるから、仮に一定の量的基準を満たせば報告セグメントに当たり、開示が必要になるはずであり、実際、Zは、第78期（平成25年7月1日―平成26年6月30日）の有価証券報告書までは、自転車部門を報告セグメントとして開示を行っていた。
もっとも、平成21年3月24日改正後連結財務諸表規則15条の2第1項も、「報告セグメントごとの売上高、利益又は損失、資産、負債その他の項目の金額及びこれらの金額の算定方法」（2号）の注記を要求しているが、ここでいう「報告セグメントごとの…利益又は損失」の金額が営業利益または営業損失の金額に相当するものであることは明示されなくなった。連結財務諸表規則の平成21年3月24日改正は「企業会計基準第17号　セグメント情報等の開示に関する会計基準」をふまえたものであるが、「企業は、各報告セグメントの利益（又は損失）及び資産の額を開示しなければならない。」（19項）とされ、「第19項から第22項に基づく開示は、事業セグメントに資源を配分する意思決定を行い、その業績を評価する目的で、最高経営意思決定機関に報告される金額に基づいて行わなければならない。」（23項）とされているから、セグメント利益として開示される額は最高経営意思決定機関に報告される金額であるということになり[2]、仮に、最高経営意思決定機関に報告されるのが売上総利益の額であるとすれば、売上総利益の額が開示され、最高経営意思決定機関に報告されるのが営業利益の額であるとすれば、営業利益の額が開示されるべきであるということになる。

Zは、有価証券報告書におけるセグメント情報の開示として、報告セグメントの売上総利益を開示し、報告セグメントの営業利益または経常利益に相当する額を開示してこなかったことから[3]、「業績等の概要」においても、自転車部門の営業損益を開示する必要はないと主張し、本判決はその主張を受け容れたのかもしれないが、判決文では全く言及されていないので真相は明らかではない。

しかも、Zにおいて、最高経営意思決定機関に報告されるのが報告セグメントの売上総利益のみであり、営業利益または経常利益が報告されていないということは認定されておらず、そもそも、セグメント情報におけるセグメント利益として売上総利益のみが開示されていること自体の適切性について、本判決は検討を加えていない。EDINETで検索すると、セグメント利益について「売上総利益ベース」と開示している会社の数は、セグメント利益について「営業利益ベース」と開示している会社の数の比べてはるかに少ないこと、Zにおいては、従来、[4]「賃貸不動産事業」と「自転車事業」の2つが報告セグメントであったのであり、この2つの事業の重なりは少なく、共通経費を合理的に割り付けることが難しいとは必ずしも考えられないこと、仮に自転車事業からは大幅な赤字が出ていたのであれば、最高経営意思決定機関に報告されるのが報告セグメントの売上総利益のみであり、営業利益または経常利益は報告されていなかったと推測することは合理的ではないように思われる。[5]会社法の下での取締役等の善管注意義務の観点からすれば、営業損益ベースで重要な赤字が出るような部門について、営業損益を把握しないということは考えにくいからである。

5 追加情報の注記

本判決は、個別具体的に開示を要求する法令の規定がなければ、有価証券報告書に記載することを要しないという解釈を無造作に示しているようにみえるが、これはやや安直なのではないかと思われる。なぜなら、財務諸表等規則8条の5は、「この規則において特に定める注記のほか、利害関係人が会社の財政状態、経営成績及びキャッシュ・フローの状況に関する適正な判断を行うために必要と認められる事項があるときは、当該事項を注記しなければならない。」と定めているからである。[6] なお、日本公認会計士協会監査・保証実務委員会実務指針第77号「追加情報の注記について」（最終改正　平成23年3月29日）は、これらの規定について「会社にとって開示の対象となる会計事象や取引は、業種・業態によって様々であり、また、同一会社であっても、その時々において予期し得ぬ事態が起こることがあるため、規則等が特に定めた記載事項のみでは、利害関係人が財務諸表等によって開示された情報を適切かつ十分に理解できない場合が生ずる。そこで、規則等で定めている注記事項のほかに追加情報として注記すべきことを規則等は定めている。このように、追加情報とは、会計方針あるいは貸借対照表又は損益計算書等に注記すべきものとして規則等で具体的に規定しているもの以外の注記による情報をいい、利害関係人が企業集団又は会社の財政状態、経営成績及びキャッシュ・フローの状況に関する適正な判断を行うために必要と認められる情報である。」との理解を示している（4項）。

したがって、平成21年改正後連結財務諸表規則15条の2第1項2号の下では、一般論としては、売上総利益をセグメント利益として開示すれば足りる場合があると解することができ、また、Zについては第78期以降は自転車事業を報告セグメントとすることは求められないとしても、Zの株主が財務諸表作成「会社の財政状態、経営成績及びキャッシュ・フローの状況に関する適正な判断を行うために必要と認められる事項」に、ある事業セグメント（本件では自転車部門）の営業損益または経常損益があたるのだとすれば、それを注記することが求められるということになろう。[7]

注

1 もっとも、東京証券取引所が「決算短信に関する研究会報告～決算情報のより適切な開示に向けて～」（平成18年3月20日）における提言をふまえて、営業利益を「次期の業績予想」の開示対象に追加した（「決算短信の総合的な見直しに係る決算短信様式・作成要領の公表について」）のは、平成18年8月29日である。

2 企業会計基準第17号の結論の背景では、「本会計基準では当該利益（又は損失）の測定方法を特に定めていない。この取扱いは、各セグメントの営業利益（又は損失）や経常利益（又は損失）を開示するものとされていた従来のセグメント情報の開示の取扱いとは異なることに留意する必要がある。」（圏点―引用者）とされている（78項）。

3 たとえば、第78期（平成25年7月1日―平成26年6月30日）の有価証券報告書。

4 第79期（平成26年7月1日―平成27年6月30日）以降の有価証券報告書においては、「当社は「賃貸不動産事業」及び「自転車事業」を行っております。当社の報告セグメントは「賃貸不動産事業」のみであり、他の事業セグメントの重要性が乏しいため、セグメント情報の記載を省略しております」とされている。

5 第79期の有価証券報告書においては「当事業年度より、報告セグメントを従来の「賃貸不動産事業」、「自転車事業」の2区分から、「自転車事業」について量的な重要性が乏しくなったため、「賃貸不動産事業」の1区分に変更しております。」とされ、Zが自転車事業から撤退の方向に舵を切っていたことがうかがわれるが、本判決は、他の部分において、「Zの知名度は、自転車事業によるものであるということができるのであって、そのような事業を存続させるということは、経営判断として十分理解できる」と述べており、また、「Zの事業全体でみると、平成16年7月期までは経常損失を出していたところ、平成17年7月期以降経常利益を出すようになり、平成21年7月期以降は、1億円以上の経常利益を出すようになったことが認められる。そうすると、我が国において自転車事業自体が衰退するほかない状況にあったとはいえないところ、Zは、自転車事業部門を存続させるための対策を取り、自転車事業の相応の好転も生じさせてきたということができるのであって、Xが主張するように、およそ自転車事業の損益がプラスになる見込みがないとか、被告取締役らが漫然と自転車事業部門を存続させてきたと評価することはできない。」（自動車部門の営業利益が生じているとは認定せず、「Zの事業全体でみると」経常利益が生じているとして、自転車部門の業績にふれることを回避している）とも述べており、撤退（ちなみに、商品売上高が自転車事業の収益であると推測されるところ、第80期は2１489千円であったのに対し、第81期は1８76千円となっている。なお、第81期第2四半期累計期間の商品売上高も1８76千円であったことからすると、第81期第3四半期及び第4四半期のそれらは0ということになり、Zは自転車事業から完全撤退したのであろう）は、やはり無視できない赤字が自転車部門で生じていたことを推測させるものである。

6 連結財務諸表規則15条も「この規則において特に定める注記のほか、連結財務諸表提出会社の利害関係人が企業集団の財政状態、経営成績及びキャッシュ・フローの状況に関する適正な判断を行うために必要と認められる事項があるときは、当該事項を注記しなければならない。」と規定している。

7 もっとも、本判決が、自転車部門の営業損益を有価証券報告書に記載しなかったことと相当な因果関係を有するZの損害は認められないとしたことはもっともであるように思われる。認定されている事実に加え、株主総会において質問をすることによって株主は必要な情報を得ることも可能であるし、会社法上求められている開示ではない以上、自転車部門の営業損益を有価証券報告書に記載しなかったことは株主総会決議取消原因などには当たらないのだとすると、自転車部門の営業損益が有価証券報告書に記載されなかったことにより会社（Z）に損害が生ずることは想定しにくそうだからである。

14 都市綜研インベストファンド事件
――不動産の取得価額への支払利息算入

①第1審（大阪地判平成28・9・8判例地方自治424号83頁）（控訴）

1 事案の概要

不動産特定共同事業（不特事業）を営む不動産特定共同事業者（不特事業者）である都市綜研インベストファンド株式会社（以下「都市綜研」という。）は、第1に、平成22年4月2日、E社が所有する北海道石狩市所在の土地建物（4号物件）を6億8000万円で購入した。都市綜研は、同日、A社から7億5000万円を借り受け、A社との間で、4号物件について共同事業契約を締結した。同契約の第4条には、都市綜研が事業期間内に本物件を売却し、A社が調達、拠出した資金を全額返還するものとする旨が定められている。

第2に、都市綜研は、平成22年10月22日、D社から千葉市所在の土地建物（7号物件）を12億7064万4752円で購入した。都市綜研は、同年11月15日、A社から2億1000万円を、B社から4億円をそれぞれ借り受け、A社およびB社との間で、7号物件について共同事業契約をそれぞれぞれ締結した。同各契約の第４条には、都市綜研が事業期間内に本物件を売却し、Ａ社またはＢ社がそれぞれ調達、拠出した資金を全額返還するものとする旨が定められている。

第３に、都市綜研は、平成23年６月10日、Ｉ社から北九州市所在の土地建物（８号物件）に係る不動産信託受益権を８億９４０４万９１２５円で譲り受けた。都市綜研は、同月29日、Ａ社から６億円を借り受け、Ａ社との間で、８号物件について共同事業契約を締結した。同契約の第４条には、都市綜研が事業期間内に本物件を売却し、Ａ社が調達、拠出した資金を全額返還するものとする旨が定められている。

第４に、都市綜研は、平成23年９月27日、Ａ社から２８９５万８７４２円を借り受け、同月28日、有限会社Ｆから高松市所在の土地建物（10号物件）に係る不動産信託受益権を６億円で譲り受けた。都市綜研は、同日、Ａ社から５億２１０４万１２５８円を借り受け、Ａ社との間で、10号物件について共同事業契約を締結した。同契約の第４条には、都市綜研が事業期間内に本物件を売却し、Ａ社が調達、拠出した資金を全額返還するものとする旨が定められている。

第５に、都市綜研は、平成24年４月４日、Ｂ社から２６１７万５９０７円を借り受け、同日、Ｂ社との間で、Ｂ社から買い受ける千葉県成田市所在の土地建物（11号物件）について共同事業契約を締結した。同契約の第４条には、都市綜研が事業期間内に本物件を売却し、Ｂ社が調達、拠出した資金を全額返還するものとする旨が定められている。また、同月５日、Ｂ社から６億７３８２万４０９３円を借り受けた。

なお、都市綜研は、平成24年３月期の決算において、対象不動産（４号物件、７号物件、８号物件、10号物件）の取得原価に上記の借入等に係る支払利息等（本件利息等）の合計5億6190万円を算入（本件支払利息等には支払利息や融資手数料のほかに、共同事業報酬、融資紹介料および融資に係る仲介手数料が含まれている。）、4号物件、8号物件および10号物件の各取得原価に都市綜研がD社に支払った業務委託科名目の合計27億4357万920円（本件業務委託料）を算入、10号物件の残存耐用年数を28年と見積もった上での減価償却などの会計処理を行った。

その後、大阪府は、平成24年5月31日、国土交通省および金融庁と共に、都市綜研に対する立入検査（本件立入検査）を行い、都市綜研の平成23年度の比較貸借対照表では、不特事業の対象不動産の取得原価に計上すべきでない支払利息および融資手数料が計上されているなどとして、都市綜研に対して業務停止60日間の処分を行った。なお、都市綜研は、平成24年8月18日付けで、大阪府知事に対し、弁明書および添付資料として公認会計士・税理士であるNの「貴社の経理処理に関する考え方について」と題する意見書（以下「N意見書」という。）を提出し、大阪府は、同月24日、国土交通省に対し、弁明書のうち会計処理に関する部分について問い合わせたところ、国土交通省から、融資手数料等を取得原価に算入するという会計処理は「企業会計の慣行」に該当せず、不適切である旨の回答があった。

さらに、大阪府は、平成24年11月27日、都市綜研の会計処理に関する意見書の作成を依頼したところ、O会計士は、平成25年1月29日に、不動産の取得原価に本件支払利息等を算入した都市綜研の処理は、一般に公正妥当と認められる企業会計の慣行に反しているなどとする「不動産特定共同事業者の会計処理に関する意見書」を作成した。他方、都市綜研は、聴聞に当たって添付資料とし、本件支払利息等を不動産の取得原価に算入することは、税法上、適切な処理であり、一般に公正妥当と認められる会計処理の基準に従って処理されているものと考える旨の意見を含むP税理士の「貴社の経理処理に関する考え方について」と題する意見書（以下「P意見書」という。）を提出した。

結局、大阪府は、平成25年5月20日に、都市綜研がその平成23年度の貸借対照表に、不動産特定共同事業の対象不動産の取得原価に、A社、B社およびC社にそれぞれ支払った支払利息、共同事業報酬、融資手数料、融資紹介料および融資に係る仲介手数料を計上し、資産を増加させていることなどから、平成23年度の都市綜研の資産状況は不動産特定共同事業法（不特法）7条2号に掲げる基準（純資産基準）に適合しないとして、都市綜研に対し業務停止60日間の処分を行った。

そこで、都市綜研が、大阪府知事による都市綜研に対する平成24年および平成25年の業務停止処分は違法であるとして、その取消し等を求めて訴えを提起したのが本件である。

2 第1審判決

「(1) 不特法には不特事業者がとるべき会計処理の方法について具体的な定めはないが、不特法が事業参加者が受けることのある損害を防止するため必要な措置を講ずることにより、その業務の適正な運営を確保し、もって事業参加者の利益の保護を図ることを目的として（同法1条）、不特事業を許可制にし（同法3条）、許可の基準として、その資本金又は出資の額について一定の金額を要求する（同法7条1号）とともに、純資産基準（同条2号）を定めていること、また、不特事業者は、事業年度ごとに事業報告書を作成し、主務大臣又は都道府県知事に提出することが義務付けられていること（同法33条）などからすると、不特事業者には上記目的に沿う適切な会計処理が求められているものと解される、また、都市綜研は、株式会社であり、会社法の規律を受けるところ、同法431条は「株式会社の会計は、一般に公正妥当と認められる企業会計の慣行に従うものとする」と規定している。このように会社法が株式会社の計算に規制を加えている趣旨は、株式会社においては所有と経営の分離により、株主が企業の財務状況を知ることは一般的に困難である上、会社財産が会社債権者にとって唯一の担保となることから、株主及び会社債権者が会社の財務状況を正しく把捉できるようにする必要があるためであって、これは不特事業者に対する出資者又は債権者の地位を有する事業参加者の保護を考えたときにも同じように妥当するものである。そうすると、不特事業者である都市綜研の会計は、一般に公正妥当と認められる企業会計の慣行に従ってなされなければならないものと解される。

「(2) ここで、都市綜研のような非上場会社かつ会計監査人非設置会社に適用され得る企業会計の基準を示すものとして、中小指針…や連続意見書…があるところ、これらに記載された会計処理の方法が一般に公正妥当と認められる企業会計の慣行に該当することについて当事者間に争いはない。同指針や連続意見書によると、不動産の取得原価は、購入代価等に、買入手数料、運送費、引取運賃、据付費、試運転費等の付随費用を加えた金額とされており、これによれば、本件支払利息等は、例外的な場合を除き不動産の取得原価に計上することができるとはいえない。」

この点、都市綜研は、「買入手数料、運送費、引取運賃、据付費、試運転費等の付随費用」に本件支払利息等が含まれると主張するが、借入金利子は財務費用であるため期間費用にすることが原則であって、資産化できるケースは限定的であると解されていることからすると、上記付随費用に当然に含まれるということはできないところ…、本件において、本件支払利息等を対象不動産の取得原価に計上できる理由はない。

以上によれば、対象不動産の取得原価に本件支払利息等を計上することは、一般に公正妥当と認められる企業会計の慣行に当たるとはいえない。」

「(3) 都市綜研は、対象不動産の取得原価に本件支払利息等を計上するという会計処理は法人税法に基づく会計処理であって、法人税法に基づく会計処理も一般に公正妥当と認められる企業会計の慣行に含まれる旨主張し、都市綜研が大阪府に提出したN意見書…やP意見書…等も、都市綜研の法人税法に基づく会計処理は一般に公正妥当と認められる企業会計の慣行である旨の意見を述べている。

しかしながら、上記各意見書は、法人税法に基づく会計処理であることから直ちに同処理が一般に公正妥当と認められる企業会計の慣行に当たる旨の意見を述べているが、法人税法は、課税の公平の確保や税務行政上の要請という観点からの会計処理を認めており、これが直ちに一般に公正妥当と認められる企業会計の慣行となるわけではなく、個々の規定及びその適用の仕方を個別的に検討する必要があると解される。

そこで検討するに、法人税法において、固定資産の取得に要した借入金利子を付随費用に含め不動産の取得原価に計上することを原則としている(法人税法基本通達7-3-1の2参照)のは、減価償却資産を事業の用に供するために要した費用を原価配分することによって課税所得を適切に把握するという観点からのものと解される。他方、不特事業者がその会計処理において対象不動産の取得原価に借入金利子を計上することは、対象不動産の取得原価をその取得に当たっての資産調達の際の調達金利という対象不動産のそのものの価値と無関係の要素によって変動させるものであり、事業参加者が不特事業者の資産状況、ひいてはその財務状況を正しく把握する妨げになるものである。そうすると、不動産の取得原価に借入金利子を計上するという法人税法に基づく会計処理は、不特法の事業参加者への適切な情報開示という目的に沿うものとは認められず、これが一般に公正妥当と認められる企業会計の慣行に当たるということはできない。O会計士の意見書…も、上記の観点を踏まえた上で、対象不動産の取得原価に本件支払利息等を算入することは一般に公正妥当と認められる企業会計の慣行に当たらない旨の意見を述べているところである。」

3 非上場・会計監査人非設置会社にとっての「一般に公正妥当と認められる企業会計の慣行」

『商法と企業会計の調整に関する研究会報告書』（平成10年6月16日）は、公開会社（=有価証券報告書提出会社）にとって「公正ナル会計慣行」は狭いが、中小企業にとってのそれは広いことを示唆している。[1] とはいえ、企業会計審議会が公表した企業会計の基準が、非上場の会計監査人非設置会社にとっての「一般に公正妥当と認められる企業会計の慣行」の1つにあたることには異論がない。

日本公認会計士協会、日本税理士会連合会、企業会計基準委員会および日本商工会議所が公表している『中小企業の会計に関する指針』は、現段階では、中小企業についての「一般に公正妥当と認められる企業会計の慣行」の一つを明らかにしようとする文書であると評価するのが適当であろう。[3] 同様に、中小企業の会計に関する検討会『中小企業の会計に関する基本要領』も、「一般に公正妥当と認められる企業会計の慣行」に該当すると解されているが、[4] 同様の文書であると位置付けられる。

なお、後述4でみるように、裁判例においては、中小企業において、法人税法の規定に基づいて会計処理を行うことがかなり広く許容される傾向がみられる。

4　法人税法の定めと「一般に公正妥当と認められる企業会計の慣行」

本判決が説示するように、いわゆる税法基準が「公正」な会計慣行であるか否かは、税法等の個々の規定およびその適用の仕方によって異なるのであって、個別的に検討を加える必要がある。なぜならば、税法の目的と商法の目的とは異なるのであって、税法は、企業の財産および損益の状況を正確に判断することを必ずしも目的とはしていないからである。たとえば、税法が定める耐用年数に従った減価償却は、原則として、「公正ナル会計慣行」に従ったものと解されるのに対して、減価償却限度額未満の償却や非償却は、法人税法上は許容されているが、会社法および平成17年改正後商法には違反するものと考えられる。

なお、平成17年改正前商法の下では、たとえば、東京地判平成17・9・21判タ1205号221頁は、「税法の規定が企業会計の中に浸透して、それ自体が適正な会計基準の一部となっている例

（減価償却の耐用年数について、税法に定める法定耐用年数を用いる等）もあること……にも照らせば、中小企業の商法会計において、合理的な理由がある場合には、法人税法の規定に基づいて会計処理を行うことも許されるというべきである。そうすると、商法会計として、法人税法の規定によって会計処理をすること自体が「公正ナル会計慣行」に反するということはでき」ず、「税法基準は、特に中小企業における商法会計として一定程度採用されており…税務上の修正申告等の手間を省くために税法基準を採用することもあながち不合理とはいえない」と、大阪地判平成18・2・23判時1939号149頁は「法人税法においては、多数の大蔵省（現財務省）の通達が出され…、実務上、これらの通達によって税務処理あるいは課税上の利益金の算出が行われてきたことが窺えることから、法人税法上の基準（通達も含む）もまた「公正な会計慣行」に該当するというべきである。」と、それぞれ、判示していた。[5]

5　不動産の取得価額への支払利息算入

本判決は、――都市綜研が固定資産として計上しているためであろうが――固定資産としての不動産の取得価額に支払利息を算入できるかどうかについて判断を下しているようである。[6] しかし、前述1でみたように、対象不動産は売却目的で取得されたものであり、むしろ、棚卸資産に該当するものであり、棚卸資産である不動産の取得価額に支払利息を算入できるのかについて検討を加える必要があったと思われる。

ところで、「企業会計原則と関係諸法令との調整に関する連続意見書　連続意見書第四　棚卸資産の評価について」（昭和37年）の第一、五では、「購入に要した負債利子あるいは棚卸資産を取得してから処分するまでの間に生ずる資金利子を取得原価に含めるかどうかは問題であるが、利子は期間費用とすることが一般の慣行であるから、これを含めないことを建前とすべきである」とされており、[7]有形固定資産と関係でも稼働前または使用開始前に生じた利息の取得原価算入が認められているのは、規定上は、自家建設の場合に限られている。[8]したがって、本判決が認定したように、支払利息を取得価額に含めることは「一般に公正妥当と認められる企業会計の慣行」に反するということにもなりそうである。

しかし、連続意見書第四は理論的根拠を全く示していない。しかも、企業会計審議会の委員であった太田哲三氏は、支払利息を取得原価に算入しないのは「実は保守主義の適用であって、可否いずれか不分明なものについては、資産原価への算入をなるべく内輪にするという理由だけであった」と述べている。[9]このように考えると、支払利息を取得価額に含めることが――少なくとも、情報提供の側面に限定して考察する限り[10]――常に不適切である、一般に公正妥当と認められる企業会計の慣行に反すると言い切れるのかという点はもう少し丁寧に検討してみる必要があるように思われる。とりわけ、費用収益対応の原則という観点からは、たとえば、取得から販売までのある程度の時間を要する（たとえば、不動産開発・販売）事案においては、支払利息は利息を支払った会計期間に負担させるのではなく、その借入によって取得した不動産（棚卸資産）が売却される会計期間の収益と対応させるのがむしろ適切であり、そのために、取得価額に支払利息を算入することが適切であるという見方が理論的には相当の説得力を有しうるからである。[11]

日本公認会計士協会業種別監査研究部会建設業部会・不動産業部会「不動産開発事業を行う場合の支払利子の監査上の取扱いについて――業種別監査研究部会の申合わせ――」（昭和49年8月20日）[12]は、連続意見書第四にいう「たな卸資産は、通常の商品製品等のように比較的短期間に回転するもので、一般に個々のたな卸資産と支払利子との間に因果関係がうすい場合を予定しているものである」と理解し、「不動産開発事業のように、各プロジェクト毎に特別の資金調達が行われ、開発工事等の支出金と支払利子との間に密接な因果関係がある場合は、通常のたな卸資産の取得形態とはその類型を異にするものと考えるべきである」と主張し、また、「この連続意見書はむしろこのような場合を想定し「問題であるが」と限定して、特殊な場合にはその原価算入を認める場合もあることを示唆しているものと考える」として、一定の条件の下で支払利子の原価算入を容認しても差支えないという見解を示していた。すなわち、監査上の取扱いとしては、所要資金が特別の借入金によって調達されていること、適用される利率は一般的に妥当なものであること、原価算入の終期は開発の完了までとすること、正常な開発期間の支払利子であること、開発の着手から完了までに相当の長期間を要するもので、かつ、その金額の重要なものであること、財務諸表に原価算入の処理について具体的に注記すること、および、継続性を条件とし、みだりに処理方法を変更しないことという条件のすべてを備えているものについては、「これを原価に算入する処理も認められることとする」としていた。

しかも、連続意見書第四を別とすれば、棚卸資産の取得価額への支払利息算入を一律に否定する権威ある文書は我が国には存在しないのではないかとも思われる。むしろ、国際会計基準（ＩＡＳ）

第23号「借入費用」は、「企業は、適格資産の取得、建設又は生産に直接起因する借入費用を、当該資産の取得原価の一部として資産化しなければならない。」と定めており、「意図した使用又は販売が可能となるまでに相当の期間を要する資産」が適格資産であるとしている。適格資産に直接起因する借入費用（紐つき借入金）が明確に区分されているのであれば、当該借入金に係る利息を、適格資産の取得原価に算入しなければならない。米国基準は、一貫して支払利息を資産計上してお り、IAS第23号は、2007年までは、原則は費用処理、代替処理が資産計上としていたにもかかわらず、このような米国基準とのコンバージェンスを図るため資産計上のみにしたという経緯も踏まえると、取得価額へ支払利息を算入すると会社の財産の状況を適切に示さないことになる（一般に公正妥当とはいえない）と評価することには躊躇を覚える。

6 十分な証拠を提出することの重要性

本判決は、「不動産の取得原価に借入金利子を計上するという…会計処理は、不特法の事業参加者への適切な情報開示という目的に沿うものとは認められ」ないと、迷いなく（?）判示している。しかし、国際会計基準第23号の下では、不動産の取得原価に借入金利子を算入することが求められそうであるし、日本公認会計士協会の業種別監査研究部会の申合わせ（本判決が言及していないことからすると、これが証拠として提出されていなかった可能性も十分にありそうである。）も本件と共通するような事案について、支払利子の取得原価算入が認められるという見解を示していたのであって、適切な主張立証がなされれば、ここまで無造作な判示にはならなかったのではないかと推測される。少なくとも、ややマニアックな会計問題については、裁判官は多くの場合、予備知識を持ち合わせないのであるから——受理してもらいさえすれば、最高裁判所では、調査官が調査をしてくれると期待できるものの——訴訟当事者としては、十分に文献等を渉猟して、自己の主張を支えるしっかりした証拠を裁判所に提出することの重要性を感じさせられるところである。

なお、都市綜研はD社に支払った業務委託手数料27億円も資産計上しているが、このような費用を資産の取得価額に算入することは、筆者が知る限り、「慣行」ではないし、『企業会計原則』等の我が国の会計基準や学説においても受け入れられていないと思われる。

1 有価証券報告書提出会社ではない会計監査人設置会社については言及がなく、どのように考えるべきかについての見解を示すことを意図的に避けたのではないかと思われる。

2 江頭憲治郎『株式会社法［第7版］』637頁・639頁注5（有斐閣、平成29年）参照。

3 相澤哲＝岩崎友彦「株式会社の計算等」商事法務1746号27頁（平成17年）および相澤哲＝郡谷大輔＝和久友子「会計帳簿」商事法務1764号14頁（平成18年）を参照。

4 江頭・前掲注（2）637頁・639頁注6参照。

5 東京地判平成20・2・19判時2040号29頁参照。しかも、最二小判平成20・7・18刑集62巻7号2101頁および最二小判平成21・12・7刑集63巻11号2165頁は「これまで「公正ナル会計慣行」として行われていた税法基準の考え方」という表現を用いており、いわゆる税法基準が「公正ナル会計慣行」に当たる場合があることを前提としている。

6 中小会計指針は、固定資産の取得価額は、購入代価等に、買入手数料、運送費、引取運賃、据付費、試運転費等の付随費用を加えた金額とする（33項）としており、大蔵省企業会計審議会「企業会計原則と関係諸法令との調整に関する連続意見書　連続意見書第三　有形固定資産の減価償却について」（昭和35年）第一、四、1は「買入手数料、運送費、荷役費、据付費、試運転費等の付随費用」とするが、これも有形固定資産の取得価額についての規定である。

7 なお、中小会計指針は、購入した棚卸資産の取得価額は、その資産の購入の代価（引取運賃、荷役費、運送保険料、購入手数料、関税その他購入のために要した費用がある場合には、その費用の額を加算した金額）とその資産を消費し又は販売の用に供するために直接要した費用の額の合計額とする（26項）としているが、取得価額に支払利息を含めることが許容されるかどうかについて検討した結果としての記述ではなく、支払利息算入の可否については中立的である。

8 連続意見書第三は、「建設に要する借入資本の利子で稼働前の期間に属するものは、これを取得原価に算入することができる」（第一、四、2）と定め、鉄道事業会計規則10条や電気事業会計規則8条も同趣旨である。小野行雄「支払利子の原価算入」企業会計43巻3号56－58頁（平成5年）参照。

9 太田哲三「資本利子の原価性について」産業経理28巻10号10頁（昭和43年）。

10 分配可能額算定の観点からは、支払利息を取得価額に算入することを認めることは不健全であるという評価は十分にありうる。あくまで、頭の体操であるが、代金の支払時期を将来に繰延べ、実質的にはその間の金利相当部分を考慮して売買代金が決定されているという場合には、当該、売買代金額が取得価額とされるのであろうから、借入と取得との間が十分に紐付けられているような場合には、支払利息を取得価額に算入することを認めないことの合理性は必ずしも十分ではないという見方もあるかもしれない。

11 IASC, Exposure Draft (ED) 39 Proposed Statement Capitalisation of Borrowing Costs (1991), Introduction. 太田哲三『固定資産会計』81頁（国元書房、昭和26年）も参照。

12 この申合わせは、その後、実務指針等への見直しは行われていないため、廃止されたと位置付けてよいと考えられるが、それは、この申合わせが日本公認会計士協会の会員を拘束していないというだけのことであって、この申合わせの内容が「一般に公正妥当と認められる企業会計の慣行」と整合しないということを意味するものではない。

15 日債銀事件
——その事象に対応する会計基準が存在しない場合

①第1審（京都地判平成15・9・24判時1863号119頁）
②控訴審（大阪高判平成16・5・25判時1863号115頁）
（上告されず確定）

1 事案の概要

日本債券信用銀行（日債銀）は、第64期（平成8年4月1日から平成9年3月31日まで）に係る有価証券報告書（64期報告書）を作成し、64期報告書に含まれる財務諸表（本件財務諸表）につき、その記載が虚偽でない旨のセンチュリー監査法人による監査証明を受け、平成9年6月27日に、64期報告書を大蔵大臣に提出した。なお、日債銀は、関連20社に対する債権をⅡ分類に属するものと査定し、本件財務諸表において貸倒引当金を計上しなかった。また、日債銀は、8銘柄の上場株式（本件株式。簿価2486億5300万円、時価約1780億円）に係る評価損の計上を避けるため、いわゆる店頭オプション取引として、Aから、本件株式のうち6銘柄の株式について、Bから、本件株式のうちその余の2銘柄の株式について、いずれも平成11年2月まで当該株式を簿価相当額で売却できる権利（プットオプション）を合計６１５億７４００万円で購入した（本件オプション取引）にもかかわらず、プットオプションの購入代金を資産として計上する一方、本件株式を簿価で計上し、損益計算書では本件株式に係る評価損を計上しなかった。

その後、内閣総理大臣は、平成10年12月13日、日債銀に対する特別公的管理の開始を決定し、同時に、預金保険機構が日債銀の株式を取得することを決定した。これらの決定は同月17日に公告がされ、預金保険機構が日債銀の全株式を取得し、この株式に係る株券が無効とされた（金融再生法39条1項・2項）。そして、株価算定委員会は、平成11年6月14日に、預金保険機構の取得した日債銀の普通株式の対価を1株当たり0円と定めた。

そこで、64期報告書を前提として日債銀株式を取得したX_1らが、日債銀の代表取締役であったY_1ないしY_3に対して、平成10年改正前証券取引法24条の2、22条および21条1項1号に基づき、センチュリー監査法人と太田昭和監査法人との合併により設立されたY_4監査法人に対して、同法24条の2、22条および21条1項3号に基づき、損害の賠償を求めたのが本件である。

2　第1審判決

「平成9年3月31日の時点で、日債銀の関連20社に対する貸付金のうち、日債銀が償却した部分のほかに、少なくとも１４６４億円について、基本通達による償却の要件を備えていたことを認めることはでき…ない。…X_1らは、…基本通達の要件を満たす債権については、その定める金額の全額について償却をすることが、公正な会計慣行に合致する会計基準であるから、これによる義務があるというものと解される。

商法285条ノ4第2項は、金銭債権の評価については「取リ立ツルコト能ハザル見込額」を控除することを要するとし、企業会計原則も売掛金等の債権の貸借対照表価額は、債権金額又は取得価額から正常な貸倒見込額を控除したものとするとしているところ、これらの見込額は公正な会計慣行（一般に公正妥当と認められる企業会計の基準）によって判断されることになる。そして、その公正な会計慣行に合致する会計基準は、一般的に複数存在することもあり得るのであって、X1らの主張する会計基準が、唯一絶対のものであることを認めるに足りる証拠はなく、基本通達9－6－4の要件を満たす債権については、全額を償却することが義務であるとまではいえない。」

「日本公認会計士協会は、昭和60年10月8日、米国財務会計基準書を参考に「債券先物取引の会計処理」を公表した。…なお、「先物債券取引の会計処理」は、一般企業を対象としたものであって、銀行業には直接の適用がない。」

「日債銀は、本件オプション取引の支払オプション料の全額を資産として計上しているところ、X1らもこの点自体は、問題としてないし」、大蔵省銀行課長発事務連絡「先物・オプション取引に係る経理処理について」（平成元年7月11日。平成2年3月30日事務連絡により改正後のもの）、企業会計審議会第一部会「先物・オプション取引等の会計基準に関する意見書等について」（平成2年5月29日）および企業財務制度研究会オプション取引会計基準研究委員会「オプション取引会計基準形成に向けての調査研究」（平成4年10月）「等もこのような処理を認めているところである。」

「また、日債銀は、64期報告書において、本件株式を簿価で計上したことは前記のとおりであるが、その根拠について、Y_1は、権利行使価格を簿価とする本件オプション取引により、本件株式を簿価で売却する権利を確定的に取得しており、権利行使価（ママ）である簿価を正味実現可能額としてこれを時価とすることは低価法に反しないと主張しており、日債銀は、これも一根拠として上記の会計処理を行ったものと推認することができる。」

「平成9年3月当時、保有株式の評価基準として低価法を採用している銀行において、ヘッジ目的でオプション取引を行ったときに、ヘッジ対象となる株式の評価をどうするかについて、明確な会計基準は存在していなかった…。

一方、債券先物取引の場合にはヘッジ取引の会計処理については、…低価法を適用するに当たっては、適用する時価を先物契約の変動額により修正し、修正した価額を時価として評価額を算定すべきなどとされている。

債券先物取引の会計処理基準を、ヘッジ目的という点で共通し、平成9年3月当時、明確な会計基準が存在していないヘッジ目的のオプション取引において、類推適用することが公正な会計慣行に合致しないものとは言い難い。

そして、通常の先物取引においては、利益が出ても損失が出ても契約を履行する義務を有するのに対し、買建のオプション取引においては、購入者はオプションを行使する権利を有するのみであり、相場の状況が購入者に有利であれば権利を行使し、不利であれば権利を放棄することができるから、債券先物取引の会計処理基準を類推適用する際、「先物契約の変動額」を「オプション行使価額と時価」との差額と読み替えることが一概に不合理であるとはいえない。すなわち、債券先物取引の会計処理基準を類推適用すること、その際、保有株式の時価をオプションの行使価額によって修正した上で算定することが不合理であるとはいえない。」

「日債銀は、本件オプション取引によって、本件株式の時価が３１０１億円以上に上がった場合にはオプション料を放棄しても利益が生じ、他方、本件株式の時価が１１６０億円以下に下がった場合にはオプションを行使し、又はオプションを譲渡することで利益を得ることが可能になるという地位を取得したといえるのであるから、前記処理を以て直ちに二重計上と評価することはできない。」

「以上によれば、平成９年３月当時において、支払オプション料を資産として計上しつつ、他方、保有債券の時価評価を先物契約によって修正された価格によることは、当時の会計基準あるいは会計慣行に反しているとまではいえない。

なお、…「先物・オプション取引等の会計基準に関する意見書等について」の「第一部　先物・オプション取引等に係る時価情報の開示に関する意見書」においては、決算時におけるオプションの貸借対照表価額（売建又は買建時に授受されるオプション料の額）、これに対応する時価及び差損益をオプション取引について開示すべきものとしている。しかし、これは、取引所に上場されている証券・金融先物及び同オプション取引を開示の対象としており、店頭取引であった本件オプション取引には直接あてはまるものではない上、これを開示しないことが、有価証券報告書の虚偽記載となるほどに確立された会計基準であるとも認められないから、上記の認定に影響するものではない。」

3 控訴審判決

（第1審判決に対する付加・訂正を溶け込ませたものを以下に示す。以下、圏点部分が付加・訂正部分）

「平成9年3月31日の時点で、日債銀の関連20社に対する貸付金のうち、日債銀が償却した部分のほかに、少なくとも1464億円について、基本通達による償却の要件を備えていたことを認めることはでき…ない。…商法285条ノ4第2項は、金銭債権の評価については「取リ立ツルコト能ハザル見込額」を控除することを要するとし、企業会計原則も売掛金等の債権の貸借対照表価額は、債権金額又は取得価額から正常な貸倒見込額を控除したものとするとしているところ、これらの見込額は公正な会計慣行（一般に公正妥当と認められる企業会計の基準）によって判断されることになる。そして、その公正な会計慣行に合致する会計基準は、一般的に複数存在することもあり得るのであって、X_1らの主張する会計基準が、仮に、公正な会計慣行の一つであるといえるとしても、唯一絶対のものであることを認めるに足りる証拠はなく、基本通達9－6－4の要件を満たす債権については、全額を償却することが義務であるとまではいえない。」

「日本公認会計士協会は、昭和60年10月8日、米国財務会計基準書を参考に「債券先物取引の会計処理」を公表した。…なお、「先物債券取引の会計処理」は、一般企業を対象としたものであって、銀行業には直接の適用がない。」

「平成9年3月当時、保有株式の評価基準として低価法を採用している銀行において、ヘッジ目的でオプション取引を行ったときに、ヘッジ対象となる株式の評価をどうするかについて、明確な会計基準は存在していなかった（**なお、X_1らは、ヘッジ会計に従って、ヘッジ対象となる本件株式とプットオプションの双方について時価評価すべきであったかのようにも主張するが、…によれば、平成9年3月当時、ヘッジ会計はいまだ会計基準となっておらず、むしろ、上記時価評価が採り得なかったことが認められるから、X_1らの上記は理由がない。**）。

一方、債券先物取引の場合にはヘッジ取引の会計処理については、…低価法を適用するに当たっては、適用する時価を先物契約の変動額により修正し、修正した価額を時価として評価額を算定すべきなどとされている。

債券先物取引の会計処理基準を、ヘッジ目的という点で共通し、平成9年3月当時、明確な会計基準が存在していないヘッジ目的のオプション取引において、類推適用することが公正な会計慣行に合致しないものとは言い難い。

そして、通常の先物取引においては、利益が出ても損失が出ても契約を履行する義務を有するのに対し、買建のオプション取引においては、購入者はオプションを行使する権利を有するのみであり、相場の状況が購入者に有利であれば権利を行使し、不利であれば権利を放棄することができるから、債券先物取引の会計処理基準を類推適用する際、「先物契約の変動額」を「オプション行使価額と時価」との差額と読み替えることが一概に不合理であるとはいえない。すなわち、債券先物取引の会計処理基準を類推適用すること、その際、保有株式の時価をオプションの行使価額によって修正した上で算定することが不合理であるとはいえない。」

「日債銀は、本件オプション取引によって、本件株式の時価が３１０１億円以上に上がった場合にオプション料を放棄しても利益が生じ、他方、本件株式の時価が１１６０億円以下に下がった場合にはオプションを行使し、又はオプションを譲渡することで利益を得ることが可能になるという地位を取得したといえる。そして、前記のとおり、平成９年３月当時、ヘッジ会計はいまだ会計基準となっておらず、上場株式の評価に関する会計基準とヘッジ目的のオプション取引に関する会計基準が必ずしも整合していなかったこと…からすれば、前記処理を以て直ちに二重計上と評価することはできない。

ウ　さらに、X1は、ヘッジ取引開始前に既に発生していた評価損は、ヘッジ取引によりヘッジできないから、本件オプション取引はヘッジ取引でないとも主張するが、本件オプション取引当時に生じていた本件株式の評価損は未実現損失にすぎないから、X1らの上記主張も理由がない。

…以上によれば、平成９年３月当時において、本件オプション取引に関して、支払オプション料を資産として計上しつつ、他方、保有債券の時価評価を先物契約によって修正された価格によることに準じて、本件株式を本件オプション取引によって簿価で評価することは、当時の会計基準あるいは会計慣行に反しているとまではいえない。

なお、…「先物・オプション取引等の会計基準に関する意見書等について」の「第一部　先物・オプション取引等に係る時価情報の開示に関する意見書」においては、決算時におけるオプションの貸借対照表価額（売建又は買建時に授受されるオプション料の額）、これに対応する時価及び差損益をオプション取引について開示すべきものとしている。しかし、これは、取引所に上場されている証券・金融先物及び同オプション取引を開示の対象としており、店頭取引であった本件オプション取引には直接あてはまるものではない上、これを開示しないことが、有価証券報告書の虚偽記載となるほどに確立された会計基準であるとも認められないから、上記の認定に影響するものではない。」

4 複数の「公正ナル会計慣行」

平成17年改正前商法の解釈として、「公正ナル会計慣行」は一つとは限らず、複数存在することがあり得るというのが定説であった。[1] また、会社法の下でも、理論的には、「一般に公正妥当と認められる企業会計の慣行」は複数存在する可能性があり、業種・業態・規模等によっても異なる可能性がある。[2] 複数存在する場合にも、企業は、自己の属する業種・業態・規模等を有する企業にとっての「一般に公正妥当と認められる企業会計の慣行」に、合理的な理由がない限り、従わなければならないが、それが複数存在する場合には、そのうちの一つを選択することになる（最二小判平成20・7・18刑集62巻7号2101頁〔本書5頁〕参照）。

もっとも、法人税基本通達9－6－4（平成10年課法2－7による改正前のもの。以下、本稿において同じ）の要件を満たす債権[3]については、「その定める金額の全額について償却をすること」が公正な会計慣行であるということを裏付ける十分な証拠を、X1らは提出していないようであり（法人税基本通達9－6－4は債権償却特別勘定に繰り入れることを許容しているにすぎないし、そこから100％償却すべきであるとの一般に公正妥当と認められる企業会計の基準または企業会計の慣行を導きだすロジックをX1らは全く提示していなかった)[4]、裁判所が、「X1らの主張する会計基準が、仮に、公正な会計慣行の一つであるといえるとしても、唯一絶対のものであることを認めるに足りる証拠はな」いと判示したのはリップ・サービスにすぎなかったのかもしれない。また、本件においては、「日債銀が償却した部分のほかに、少なくとも1464億円について、基本通達による償却の要件を備えていたことを認めることはでき」ないと認定されているので[5]、仮に、「基本通達の要件を満たす債権については、その定める金額の全額について償却をすることのみが、公正な会計慣行に合致する会計基準である」としても、結論に影響はなかった。

5 オプション料の会計処理

ある会計処理の原則および手続が「一般に公正妥当と認められる企業会計の慣行」(平成17年改正前商法の下では「公正ナル会計慣行」)ないし「一般に公正妥当と認められる企業会計の基準」であるとして、それによらなかったことをもって、虚偽の記載があったとする局面では、類推適用をすることにつき慎重であるべきであろうが[6]、ある取引または事象についての明確な会計基準も確立した慣行も存在しないような場合に、当該取引または事象と法的形式または経済的実質が共通する取引または事象に係る会計基準や会計慣行と――「類推適用」と呼ぶべきかはともかく――パラレルな会計処理を行うことは、会社法・商法または金融商品取引法の下で「許容」されるということはできよう[7]。そもそも、平成17年改正前商法の下で「斟酌スベシ」とされていたのは、「公正ナル会計慣行」であり、「公正ナル会計慣行」によらなくともよい合理的な理由がある場合には、「公正ナル会計慣行」から離脱できるという意味であると解されていたのであるから、ましてや、「一般に公正妥当と認められる企業会計の会計基準ないし会計慣行」が存在しない場合には、会社・商人の財産および損益の状況を適正に示すという目的に照らして会計処理の原則および手続を選択することができ、かつ、法的形式または経済的実質が共通する取引または事象に係る会計基準や会計慣行が指示する会計処理の原則および手続とパラレルな会計処理を行うことは、そのような目的を実現するという観点から通常は支持されるということができよう。

日本公認会計士協会「債券先物取引の会計処理」(昭和60年10月8日)が「低価法を適用するに当たっては適用する時価を先物契約の変動額により修正し、修正した価額を時価として評価額を算定すべき」であるとしていた趣旨は、現物の保有債券の時価の変動が先物契約の変動額によりヘッジされることに着目したもの、すなわち、先物契約により、保有債券に係る正味実現可能価額の変動が「実質的に」ヘッジされるというものであったと考えられる。同様に、本件においてはプットオプションの取得により、本件株式の正味実現可能価額は「実質的には」保有株式の簿価ということになり、その結果、日債銀としては、評価減を行わなくとも、――本判決の理由付けとは異なるが――低価法を適用する趣旨に反しないことになると考えることにも一理あったということができそうである。[8] 平成14年改正前商法285条ノ6第2項・285条ノ2第2項との関係で、低価法における「時価」とは正味実現可能価額であると考えられていたからである。[9]

ただ、ヘッジ効果に着目して、本件株式の評価減を行わない一方で、オプション料を資産計上することを認めたことが適切であったかどうかは疑わしい面がないわけではない。なぜなら、「債券先物取引の会計処理」が上述のように定めていたのは、現物取引とヘッジ取引との間の期間損益計算の時間的ずれを防止するためであったのであり、[10] ヘッジ手段がオンバランスされていない（その結果、ヘッジ手段に係る損益の認識が先送りされている。）ことによるものだからである。もっとも、「日債銀は、本件オプション取引によって、本件株式の時価が３１０１億円以上に上がった場合にはオプションを行使し、他方、本件株式の時価が１１６０億円以下に下がった場合にはオプション料を放棄しても利益が生じ、又はオプションを譲渡することで利益を得ることが可能になるという地位を取得した」という点を考慮すると、X_1らが主張するような「二重計上」とは評価できず、また、本件オプション取引の支払オプション料の全額を資産として計上していること自体をX_1らも問題としていなかった以上、本件当時の会計基準または会計慣行に照らして不当であるということにはなりにくかったように思われる。当時の会計基準および会計慣行が未成熟であった以上、「公正ナル会計慣行」に照らして、違法な会計処理であるとはいえなかったとみるべきであろう。

注

1 田辺明＝味村治ほか『新商法と企業会計』10頁（財経詳報社、昭和49年）、矢沢惇『企業会計法講義〔改訂版〕』11頁（有斐閣、昭和48年）、大隅健一郎『商法総則〔新版〕』２１９頁（有斐閣、昭和53年）、味村治『会社決算の法律と実務』11頁（税務研究会出版局、昭和50年）。

2 相澤哲＝岩崎友彦「株式会社の計算等」商事法務１７４６号26－27頁（平成17年）参照。

3 ９－６－４（１）は、債務者につき債務超過の状態が相当期間継続し、事業好転の見通しがないこと等の事由が生じたため、当該貸金等の額の相当部分（おおむね50％以上）の金額につき回収の見込みがないと認められるに至った場合などを挙げていた。

4 これとは対照的に、最二小判平成21・12・7刑集63巻11号2165頁およびその原審である東京高判平成19・3・14刑集63巻11号2547頁では、資産査定通達等によって補充される平成9年7月31日改正後の決算経理基準に従うことが唯一の公正なる会計慣行に当たるかどうかについて判断が下されたが、当該事件においては、この点をめぐって、攻撃防御が尽くされた。なお、改正後の決算経理基準は、平成10年3月期の決算から適用されるものとされていたのであって、本件には妥当しなかった。また、福徳銀行およびなみはや銀行の平成10年3月期決算について、東京地判平成18・9・27資料版商事法務275号241頁（確定）は、改正後決算経理基準および日本公認会計士協会銀行等監査特別委員会報告第4号「銀行等金融機関の資産の自己査定に係る内部統制の検証並びに貸倒償却及び貸倒引当金の監査に関する実務指針」を引き合いに出していた。

5 たとえば、前掲最判平成21・12・7は、「大蔵省金融検査部長が同省の監督権限に基づき発出した不良債権償却証明制度等実施要領がその方針や審査の手続・基準等を定め、「合理的な合併計画や再建計画が作成中あるいは進行中である場合」や「債務者に対して追加的な支援（融資、増資・社債の引受、債務引受、債務保証等）を予定している場合」に当たる取引先…については、法人税基本通達9－6－4（1）において債権償却特別勘定に繰り入れることができる場合とされている「事業好転の見通しがない」と判断することは原則として適当ではないとされていた」との事実認定を行っている。

6 この点で、ライブドア事件判決（本書64頁）には、―被告人側の防御が的確になされなかった可能性が十分にあるものの―自己株式の売却の会計処理を（会計基準が存在しない）自己株式の消費貸借の会計処理に、無造作に（?）「類推適用」した点で、問題があると思われる。

7 岸田雅雄〈判批〉ジュリスト1291号110頁（平成17年）。

8 出口正義〈判批〉判例評論555号43頁（平成17年）。

9 上柳克郎＝鴻口常夫＝竹内昭夫編著『新版注釈会社法（8）』148頁以下（有斐閣、昭和62年）、江頭憲治郎『株式会社・有限会社法［第4版］』527頁（有斐閣、平成17年）。

10 日本公認会計士協会「『債券先物取引の会計処理』の解説」。

16 ブリヂストン事件

——不動産売却益の認識

①第1審（東京地判平成23・5・26判タ1368号238頁）
②控訴審（東京高判平成23・11・30 2011WLJPCA11306018。平成23年（ネ）第4450号）
③上告審（最三小決平成25・8・27 2013WLJPCA08276011。平成24年（受）第759号・平成24年（オ）第640号）（上告不受理・上告棄却）

1 事案の概要

ブリヂストンは、平成3年7月にブリヂストンまたはその子会社から株式会社X（原告）等に対する一連の不動産売却（本件不動産売却）を計画し、同月ころ、エヌ・ビー・エス都市開発[1]に対し、本件不動産売却に関する価格調査等の業務を委託した。

そして、Xとエヌ・ビー・エス都市開発は、本件不動産売却につき、平成3年7月25日付け覚書により、以下のような合意（本件合意）をした。

①　売却時期は平成3年8月1日から同年12月25日までとし、Xの購入資金の調達のめどが付き次第、可及的速やかに売買契約を締結し、資金決済及び物件の引渡しを行うものとする。

②　Xは、売却物件には第三者への賃貸物件及びブリヂストンの自家使用物件があることを承知の上で当該物件を購入するものとし、物件の明渡しいかんにかかわらず、売却契約締結時に、売主に代金全額を支払うものとする。

③　Xが購入する物件の購入代金の借入れは、原則としてXの取引金融機関より独自調達を行うものとする。ただし、エヌ・ビー・エス都市開発は、Xより要請を受けた場合は、Xの借入金融機関に対し債務保証を行い、また不足資金の一部についてXに直接融資するものとする。

④　Xが購入した物件の処理については、平成4年1月1日以後、Xとエヌ・ビー・エス都市開発が協議の上で早急に行うものとし、開発可能物件については、Xとエヌ・ビー・エス都市開発の共同プロジェクトとして取り組み、開発不能物件については、エヌ・ビー・エス都市開発が責任をもってこの処分を行うものとし、また、決算終了後5年を経過して第三者への処分が不能な物件についてはエヌ・ビー・エス都市開発が引き取るものとする。

⑤　本提携は、Xが引き受けた購入物件全てについて開発または第三者への処分が実現した時点で終了するものとし、この時点までは、エヌ・ビー・エス都市開発はXの経営指導を責任を持って行い、Xの営業についてもエヌ・ビー・エス都市開発は全面的に支援を行うものとする。

⑥　エヌ・ビー・エス都市開発は、Xに対し、本件協力に伴う成功報酬として購入物件の開発・売却に際し、金利・諸経費込みで年25％相当の粗利益を実質保証することを確約した。ただし、利

益の還元方法は、必ずしも物件ごとあるいは物件処分益・開発利益に拘泥するものではなく、全体として購入総額に対して年25%相当の粗利益を何らかの形で保証するものとし、具体的な手段、方法等は、Xとエヌ・ビー・エス都市開発が協議の上で決定する。

その後、本件不動産売却が実行されたが、公正な会計慣行である日本公認会計士協会監査委員会報告第27号「関係会社間の取引に係る土地・設備等の売却益の計上についての監査上の取扱い」(昭和52年8月8日、以下「監査委員会報告第27号」という。)によれば、会計上の利益が実現しておらず、本件不動産売却に係る利益を特別利益として計上してはならないにもかかわらず、これが貸借対照表および損益計算書に計上されたと主張し、そのような貸借対照表等に基づいて、未処分利益金を処分する利益処分案を承認したブリヂストンの第73期(平成3年1月1日から同年12月31日まで)定時株主総会決議およびこれを前提とする後続の利益処分案または剰余金処分の承認に係る第74期ないし第90期(平成4年から平成20年までの各1月1日から同年12月31日まで)の各定時株主総会決議(以下、併せて「本件各決議」という。)が無効であることの確認を求めて、ブリヂストンの株主であるXが、会社法830条2項に基づき、訴えを提起したのが本件である。

2 第1審判決

「本件訴えが不適法であることは上記…のとおりであり、既に本案の判断を要しないこととなるが、本件訴訟の経過及び今後の更なる紛争の蒸し返しを回避する必要性に鑑み、本案の争点である本件会計処理が適正であったか否かについても、…念のため検討するに、以下のとおり、Xの請求は理由がない。

（1）Xは、監査委員会報告〔第27号―引用者〕の趣旨を踏まえると、本件不動産売却について会計上の利益が実現していないと主張する。

（2）しかしながら、まず、本件全証拠及び弁論の全趣旨によっても、本件不動産売却当時、監査委員会報告〔第27号―引用者〕が唯一の公正な会計慣行となっていたことを認めるには足りない。また、本件では、ブリヂストンやエヌ・ビー・エス都市開発が、Xその他の本件不動産売却の買主の支配権や経営権を掌握しているといった事実は認められないから、本件不動産売却は、監査委員会報告〔第27号―引用者〕が念頭に置く「関係会社」間の取引とはいえない。

そうすると、監査委員会報告〔第27号―引用者〕はそもそも本件不動産売却に適用すべき公正な会計慣行とはいえない。

（3）さらに、監査委員会報告〔第27号―引用者〕が指摘する会計上の利益が実現したかどうかを判定するための諸観点に照らしても、本件不動産売却について会計上の利益が実現していないと評価することはできない。

すなわち、本件不動産売却は、遊休不動産の有効活用及び税制の恩典利用との目的が設定され、その価格についても、路線価、取引事例等売却価格の参考となる数値を鑑定会社、大手不動産会社、銀行等に十分確認の上で決めることとされ、買主の選定も、ブリヂストンとは長年の取引があり、信用できる業者としてX等が選定されるなど…、その目的、価格・買主の決定過程からみて譲渡価額に客観的妥当性がないとか、合理的な経営計画が在しないとはいい難い。また、…Xは本件会計処理後、本件訴えに至るまで約18年もの間、本件会計処理自体の違法を主張したことがうかがわれず、かえって、X代表者が、当初、本件不動産売却の買主に選定してもらったことに感謝していたこと…に照らすと、Xにとっても一定の合理性のある取引であったことが推認できる。

加えて、Xの指摘する本件合意…も、①原則として購入資金の調達はXによる独自調達が予定されていたものであり、現に約13億円をXが独自に調達した上…、物件の引取りに関しても、原則として第三者への転売が予定され、引取りが予定されるのは決算終了後5年もの期間が経過した後で、かつ、第三者への転売等ができないものに限られており、しかも、このことは事前・事後の交渉過程でも一貫していること…、②現に本件売却の対象となった28物件のうち、平成6年3月までに16物件が、同年12月までに18物件が第三者に転売され、また、ブリヂストンが使用していた物件については賃料も支払われていたこと…、③同月の和解においても、本件不動産売却が現実に行われたことを前提とした条件が設定されていること…に照らすと、本件合意の存在を理由に本件不動産売却を買戻条件付売買と同視することはできない（なお、Xは、ブリヂストン等が過去の和解において相当額の和解金の支払を約したこと…やブリヂストンが同月にXの20億円の借入債務について連帯保証したこと…を自らの主張の根拠として指摘するが、これらは本件不動産売却を買戻特約付売買と同視し得るかどうかとは直接関係がなく、間接的な事情としてもXの主張を的確に裏付けるほどのものではない。）。

Xが…指摘するその余の点（別紙売却取引目録記載15の物件（○○29番1）について所有権移転登記がされていないこと、平成3年当時の不動産不況等からみて大規模な不動産の転売や開発は不可能であり、本件不動産売却には明確、妥当な代金回収条件が設定されていないこと―引用者〕も、以上の認定事実に照らせば、その主張自体において、本件不動産売却の会計上の利益が実現していないと評価するに足りる事情とはいえない。
（4）したがって、監査委員会報告〔第27号―引用者〕はそもそも本件不動産売却に適用すべき公正な会計慣行といえない上、同報告の諸観点に照らしても本件会計処理が適正でないとはいえないから、本件会計処理が不適正であったとするXの主張は理由がない。」

3 控訴審判決

事実について、若干の補正を行ったもの（「Y経理部作成検討したとされる平成6年6月6日付け「BS所有不動産処分関連：緑地対策」…において、短期間での本件不動産売却が連結赤字回避の目的で行われたと考えられても仕方がないと本件不動産売却の不自然さを指摘し、Xの未売却物件の対応をどうするかとの検討はされているが、Xが主張するような本件益出しによりブリヂストンに利益が実現していないことなどの指摘はない」などの加筆があった。）の、ブリヂストンの会計処理の適正性について具体的な検討は加えられなかった（かっこ書きで、「原審判決の事実及び理由注の第3の3記載のとおり、本件会計処理は適正であったと認めることができる。」とされているのみである。）。

4 唯一の「公正ナル会計慣行」

ある会計処理方法を採用することが「公正ナル会計慣行」（平成17年改正前商法32条2項）ないし「一般に公正妥当と認められる企業会計の慣行」（会社法４３１条）であるとしても、「公正ナル会計慣行」ないし「一般に公正妥当と認められる企業会計の慣行」が複数存在し得るというのは定説といってもよい。たとえば、東京地判平成16・５・28刑集63巻11号２４００頁は、「一般論としては、「公正なる会計慣行」は必ずしも1つに限られず、２つ以上の会計処理の基準が認められることがある」と判示している。どのような場合に、ある会計処理方法が「唯一の」「一般に公正妥当と認められる企業会計の慣行」となるかが問題であるが、「商法と企業会計の調整に関する研究会報告書」（平成10年6月16日）は、「証券取引法上の開示において時価評価が強制された公開会社については、商法に時価評価を行う会社の範囲についての明文規定を置かない場合にも、公正な会計慣行が斟酌されることにより商法上も時価評価を行うこととなると解することが適当である。」、「金融商品の時価評価を行う会社の範囲と同様、公開会社については商法上も税効果会計の適用が強制されると解することが適当と考えられる。」と指摘しており、有価証券報告書提出会社については、金融商品取引法上の「一般に公正妥当と認められる企業会計の基準」[2]が「唯一の」「公正ナル会計慣行」ないし「一般に公正妥当と認められる企業会計の慣行」となると解される（ただし、平成17年改正前商法32条2項は「斟酌スベシ」と定めており、合理的な理由があれば、それらによることを要しないと理解されていた。また、会社法４３１条も、「従わなければならない」とは定めておらず、「従うものとする」と定めているので、同様に解することができよう。）。

5 監査委員会報告第27号

本判決が認定するように、Xその他の本件不動産売却の買主がブリヂストンやエヌ・ビー・エス都市開発の「関係会社」ではなかったのであれば、日本公認会計士協会監査委員会報告第27号「関係会社間の取引に係る土地・設備等の売却益の計上についての監査上の取扱い」（昭和52年8月8日）が本件不動産売却に適用されないというのは自然な帰結である。

また、そもそも、少なくとも形式的には、監査委員会報告は会計の基準ではなく、監査の基準であり、かつ、名宛人は日本公認会計士協会の会員であるから[3]、監査委員会報告第27号はブリヂストンが当然に従わなければならない規範というわけではない。

とはいえ、『企業会計原則』は「売上高は、実現主義の原則に従い、商品等の販売又は役務の給付によって実現したものに限る。」（第二　損益計算書原則、三B）と定め、収益は実現主義により認識するものとしており、本件不動産売却との関係で、売却益が実現したかどうかを判断するに当たって、監査委員会報告第27号が挙げる諸観点は参考になるものと考えられる。すなわち、土地・設備等の売買に伴う売却益が実現していると考えられるかどうかについての実務上の有力な解釈を示す監査委員会報告第27号が挙げる諸観点は関係会社間の土地・設備等の売買にのみ妥当するというわけではないからである[4]。したがって、本判決が監査委員会報告第27号で示された会計上の利益が実現したかどうかを判定するための諸観点に照らして検討を加えたことは適切であったというこことができる。

監査委員会報告第27号は、「土地・設備等の取引について、会計上の利益が実現したかどうかの判定にあたっては、その譲渡価額に客観的な妥当性があることのほか」、①合理的な経営計画の一環として取引がなされていること、②買戻し条件付売買又は再売買予約付売買でないこと、③資産譲渡取引に関する法律的要件を備えていること、④譲受会社において、その資産の取得に合理性があり、かつ、その資産の運用につき、主体性があると認められること、⑤引渡しがなされていること、または、所有権移転の登記がなされていること、⑥代金回収条件が明確かつ妥当であり、回収可能な債権であること、及び、⑦売主が譲渡資産を引続き使用しているときは、それに合理性が認められること、という「諸観点より総合的に判断してなすものとする。」としていた。

本判決は、「本件合意の存在を理由に本件不動産売却を買戻条件付売買と同視することはできない」と判示するが、本件合意④では、「決算終了後5年を経過して第三者への処分が不能な物件については工ヌ・ビー・エス都市開発が引き取るものとする。」とされていたのであり、連結ベースでは、Xが買戻しを要求できる権利を有するという意味における買戻条件付売買であったといわざるを得ないのではないかと思われる。もっとも、監査委員会報告第27号は①から⑦を総合的に判断して、会計上の利益が実現したかどうかを判定するとしていたのであって、本件不動産売却が②の要件を満たさないと仮に解しても、本件不動産売却に係る利益が実現していないと直ちに判定されるわけではない。

実際、本判決は、譲渡価額に客観的な妥当性があることおよび①と⑦の要件が満たされていたことを認定しており、③の要件を満たしていることはXも争っていない。また、⑤の要件も一部の対象不動産を除き満たされており、判決文全体からは④の観点からも問題がないと裁判所は判断したものと推測される。他方、「本件不動産売却には明確、妥当な代金回収条件が設定されていない」[5]というXの主張を必ずしも否定していないようであるが、総合的に判断するならば、利益が実現していないとまで評価すべき根拠はないというのが本判決の立場であると思われる。

6 不動産の売却における利益の実現

本件当時、関係会社ではない第三者への不動産売却による利益が実現したと考えられるかどうかについての議論はさほど活発ではなかったようであるが、[6] 日本公認会計士協会会計制度委員会報告第15号「特別目的会社を活用した不動産の流動化に係る譲渡人の会計処理に関する実務指針」（平成12年7月31日）や日本公認会計士協会「民都へ売却した土地に係る留意事項」（平成14年3月25日）においては、不動産の売却の認識の規準としてリスク・経済価値アプローチ（資産のリスクと経済価値のほとんどすべてが他に移転した場合に当該資産の消滅を認識する方法。企業会計審議会「金融商品に係る会計基準の設定に関する意見書」（平成11年1月22日）参照）によって判断することが妥当であるとされている。そして、会計制度委員会報告第15号では、不動産の流動化においては、信託受益権による流動化を含め、不動産に係る権利の譲渡であるということ、リスクと経済価値が不動産の所有と一体化していること、金融商品に比べ時価の算定が容易でなく流通性も劣ること等の特徴を考慮して、リスク・経済価値アプローチに基づいて取り扱うことが適当であると考えたとされている（27項）。

また、企業会計基準委員会「不動産の売却に係る会計処理に関する論点の整理」（平成16年2月13日、以下「論点整理」という。）は、不動産売却との関連で、『企業会計原則』（第二　損益計算書原則、三B）にいう「実現」をどのように解釈すべきかについて、現在であれば、[7]重要な視点を提供するものと考えられる。

論点整理では、不動産の場合には得られるキャッシュ・フローが不動産全体の利用に伴って生じるために、構成要素に分解するよりも全体として会計処理することのほうが適切であるという観点から、リスク・経済価値アプローチを基本的に踏襲するとし（34項）、「支配を不動産から得られる将来の経済的便益全体と結び付けた場合、現実に経済的便益の流入が確定し、それ以上の将来の経済的便益を獲得できなくなった場合に、支配が失われ当該不動産の消滅を認識することとなる。そして、関連する収益については、履行すべき義務から解放されたときに認識することとなるということが、いわゆるリスク・経済価値アプローチの考え方であると思われる。」としている（35項）。もっとも、「リスク・経済価値という用語で説明されているものの、実際には実現主義の考え方を適用しているとも解される。我が国においては、事業用資産の売却に係る収益の認識は実現主義の原則によるものとされており、そのような考え方は永年にわたり広く受け入れられている。」と論点整理は指摘する（37項）。

その上で、論点整理では、「不動産取引においても、通常の動産取引と同様に、一般的な実現主義の原則に従って物件の移転が行われた日をもって売却の会計処理を行うことが原則であろうが、特に土地の場合には、契約による所有権の移転の日（法的な権利の移転の日）をもって売却の会計処理を行うことが多いものと思われる」（54項）とし、「契約に定められた要件は、取引の当事者の意思を反映するものであり、本来経済的実質と相違するものではなく、取引の実態をもっともよく表すものである。したがって、契約上定められた所有権の移転は、事業投資のリスクからの解放となる事実としてもっとも客観的な判断規準であると考えられ、それに代わる別の客観的な事実がある場合には判断にあたってそれを優先するに過ぎない。」との見解を示している（58項）。本判決は、単に所有権の移転という法形式のみに着目するのではなく、経済的実質を見ようとした点[8]で、論点整理がとる基本的な姿勢とも矛盾しないように思われる。

また、論点整理は、通常の独立第三者間取引については、買戻し条件付取引、買手に対する売戻権の付与、売手の買戻しの権利の保有、売手の優先買取交渉権の保有、売手の優先拒否権の保有というような「条件が付される場合の会計上の取扱いについては、一般的な実現主義の原則が適用されると解されるものの、現行の我が国の実務ではその具体的な取扱いは定められていない。」と指摘している（81項）。そして、「売手の事業投資のリスクからの解放の観点からは、売手の継続的関与が存在するために、売手が得られる成果が変動するような場合には、売却の会計処理を行うことは適当でないといえる。売却の際に買戻し条件が付されている場合、売手は、約定に従い一定期間後に当該不動産を買い戻すことになり、その後売手が得られる成果は再び変動する。一般には、買戻し条件が付されている場合には、売却した不動産の事業投資のリスクは買手に移転しておらず、買戻し取引の実質は資金調達取引であると説明されることが多い。」（85項）、「売手が買手に対し売戻しの権利を付与している場合、売手にとっては実質的に買戻し義務を保有するのと同じこととなるとの考え方がある。すなわち、当該権利が将来において行使された場合には、売却された不動産は売手に戻ることから、買戻し契約と同様に取り扱い、投資の成果は実現していないとする考え方がある。一方で、そのような売戻しの権利はあくまでオプションにすぎず、その行使が確実でない限りは、売却とは切り離して考えるべきであるとの考え方もある。この場合、…行使価格や行使までの期間等の条件により、その行使の可能性も変化するため、それらの条件も考慮に入れる必要があるという考え方もある。」としている（87項）。このような視点との関係では、本件不動産売却においては、エヌ・ビー・エス都市開発による買戻しが確実であるとは考えられない（5年以内に多くの対象物件をXが第三者に売却できると期待できる）ことを根拠として、本判決は、売却益の実現（したがって、認識）を認めたという面は強いように推測される。[9]

また、論点整理では、「不動産の売却取引に関連した、売手の買手に対するキャッシュ・フローの保証（賃料保証を含む。）、融資又は債務保証は、通常の独立第三者間取引ではあまりみられないものの、関係会社等に対する売却取引において行われることがある。そのような行為が行われた場合には、売手の事業投資のリスクからの解放の観点からは、売却後に売手が引き続き成果の変動に直面する場合には、売却の会計処理は認められないものと解される。」とされている（112項）。しかし、本件合意③では、「Xが購入する物件の購入代金の借入れは、原則としてXの取引金融機関より独自調達を行うものとする。ただし、エヌ・ビー・エス都市開発は、Xより要請を受けた場合は、Xの借入金融機関に対し債務保証を行い、また不足資金の一部についてXに直接融資するものとする。」とされ、実際にも、Xが相当部分を独自調達したという事実があったので、裁判所は、売却益の実現を認めたといえそうである。

注

1 昭和62年7月1日に設立された不動産の売買・賃貸借等を目的とする株式会社であり、平成3年当時はブリヂストンの完全子会社であり、平成4年1月1日にブリヂストン都市開発株式会社と商号変更後、平成8年6月30日に解散決議がされ、同年12月16日に清算が結了した。

2 財務諸表等規則1条、とりわけ、2項および3項参照。もっとも、たとえば、企業会計審議会が公表した企業会計の基準を企業会計基準委員会が作成し、金融庁長官が告示で指定した企業会計の基準を常にオーバーライドするものと解してよいかどうかという問題があり、金融商品取引法上の「一般に公正妥当と認められる企業会計の基準」が1つに限られるとは必ずしも断言できない。

3 宇都宮地判平成23・12・21判時2140号88頁（東京高判平成26・9・19（平成24年（ネ）第1349号）により控訴棄却、最決平成27・10・13（平成27年（受）第187号）により上告不受理）。

4 たとえば、「関係会社に土地・設備等を譲渡して利益を捻出した後、当該資産を正当な理由なく買戻したような場合は、形式上売買契約など法律上の要件が満たされた取引であっても、会計的には、固定資産について評価益の計上が行われたと同一の結果を招くことになり、妥当な処理とは認め難い。」とされているが、これは譲受人が関係会社であるかどうかとは関係なくあてはまる考え方である。

5 かつて、国会において、「資産をその会社が現在の時価で評価すると大変な金額になる。そこで、これを子会社に時価で売却をして、そして子会社からまたその資産を、不動産を賃借りする。そして、子会社は十億なり数十億なりの資産を買ったけれども、しかしそれは払えない」、「こういう事案でございますが、商法上どういうふうに民事局長お考えでございますか。」という横山利秋委員の質問に対し、法務省民事局長が「いわゆる計算規則［株式会社の貸借対照表、損益計算書及び附属明細書に関する規則―引用者］の10条の規定によりまして、いまお話しのようなその子会社がその代金を実質的に払えない、つまり取り立て不能になる債権ということになるわけでございますから、さような債権は実質的にはいわば債権としての価値がないようなものでございますから、債権から控除しなければならないということに計算規則の10条にはなっておるわけでございます。したがって、そういう子会社に売却したその対価、売買代金債権というものは、子会社の資産能力がないために支払い不能であるというふうなものは債権として計上することは、計算規則10条に違反する…というふうに考えるべきであろうと思うのであります。」と答弁したことがある（第80回国会衆議院法務委員会議録11号（昭和52年4月22日）4頁［香川保一政府委員］）。もっとも、当該会議において、大蔵省証券局長は、「有価証券の売却益であるとかあるいは固定資産の売却益というものを特別損益で立てるということは、それ自身別に違法だと私ども考えておりません。たまたま含み資産を持っておりまして、それで当期の利益が赤字のときにその資産を売却することによって赤字を埋めていくというのは、企業としても通常のことであります。問題は、この売却が子会社に対して行われたときにどうなるかという議論が残るわけでありますけれども、虚実の表示をしたようなときにはもちろん粉飾決算になるわけでありますけれども、子会社に売却したからということだけで直ちに違法になるかどうかというのは非常に問題かと私は考えているわけであります。」と答弁している（4頁［安井誠政府委員］）。

6 なお、すでに、昭和52年には、アメリカの証券取引委員会（SEC）の連続会計通牒第95号（Accounting for Real Estate Transactions Where Circumstances Indicate That Profits Were Not Earned at the Time the Transactions Were Recorded（December 28, 1962））に言及した上で、「問題を、個別会社の資産の子会社への売却と言うことより広くとりあげて、SECのように未回収の場合の資産譲渡の売上計上時期の基準を明らかにする必要があるのではなかろうか」という指摘がなされていた（慶「子会社への資産売却」商事法務775号39頁（昭和52年））。

7 もっとも、企業会計基準委員会は、平成30年3月30日に、企業会計基準第29号「収益認識に関する会計基準」を公表した。企業会計基準第29号は、国際財務報告基準第15号「顧客との契約から生じる収益」の基本的な原則を取り入れることを出発点として作成されたものであり、収益の実現により収益を認識するという考え方にはよっておらず、履行義務を充足した時に又は充足するにつれて収益を認識するものとしている（35項）。

8 たとえば、安原誠吾「決算操作をめぐる諸問題―法形式と実質判断―」商事法務760号10頁以下（昭和52年）参照。

9 この点に関しては、Xが第三者に売却するまでは、ブリヂストンまたはその子会社はXに対する売却益が実現したとは会計処理できないと判断すべきであったのではないか（したがって、ブリヂストンまたはその子会社の会計処理には疑義がある）という評価も十分にあり得る。買戻し条件付取引及び買手に対する売戻権の付与の場合については、たとえば、全国銀行協会も、「売手が買戻の義務を負っていることから実質的に不動産は買手に移転していないものと考え、売却の会計処理を行うことは出来ないと考えられる。」との意見を表明している（「不動産の売却に係る会計処理に関する論点の整理」に対する全銀協意見書について（平成16年5月13日））。

[17] キャッツ事件
――預け金の資産性

①第１審（東京地判平成18・3・24（平成16年（特わ）第1505号））
②控訴審（東京高判平成19・7・11（平成18年（う）第1290号））
③上告審（最決平成22・5・31判時2174号127頁）

1 事案の概要

シロアリ駆除等を目的とする株式会社キャッツ（以下「キャッツ」という。）の代表取締役であるAらは、仕手筋に資金を提供してキャッツ株の価格を高値に誘導する株価操縦を行っていたが、資金が続かなくなり、仕手筋からキャッツ株を買い取ることで仕手筋との関係を終わらせることとした。Aは、キャッツからその子会社であった（当時は、Aの個人会社であったようである。）アグリシステムズを経由して、買取りのための資金60億円を借り受けた上で、Bの提案に従い、Bを営業者とする匿名組合や外国銀行を通じて、キャッツ株200万株を買い取った。Aは、当時キャッツと会計監査契約を締結していた監査法人が半期末の中間監査の準備作業として行う期中監査の時期を控え、60億円の返済のめどが立たなかったため、額面30億円のパーソナルチェック2通（併せて「本件パーソナルチェック」）を振り出してキャッツに差し入れ、キャッツでは、これによって60億円が返済された旨の会計処理をした。Aには本件パーソナルチェックを現実に決済し得るだけの資力はなく、キャッツの経理担当取締役Cは、従業員に対し、支払呈示をすると不渡りになるので本件パーソナルチェックを金庫に保管しておくよう指示した。中間監査を迎えるに際し、Aは、Bに協力を依頼し、AとBとの間において、Bが経営する株式会社グローバル・エクイティ・インベストメントに対してキャッツが本件パーソナルチェックを預けることによって、キャッツがグローバル・エクイティ・インベストメントに60億円を預託してその運用を任せた形を仮装することが合意され、日付を上記半期末前に遡らせた消費寄託契約書が作成された。Bは、Aに本件パーソナルチェックを決済する資力がないことを認識しており、本件パーソナルチェックを支払呈示に回すつもりもなかった。そして、キャッツは、「預け金60億円」を計上し、「重要な資産の内容」として「預け金60億円消費寄託契約に基づく企業買収ファンド事業会社への資金の寄託であります。」との注記をした中間貸借対照表を含む、第29期における半期（平成14年1月1日から平成14年6月30日まで）に係る半期報告書を作成し、関東財務局長に提出した。

その後、Aは、監査人から、期末決算の際には預け金60億円の運用状況を精査する旨の連絡を受けていたが、期末が近付いても、現金60億円の調達等によって上記預け金に仮装した60億円の出金の処理をすることはできなかった。そこで、Aは、Bに協力を依頼し、AとBとの間で、Bが経営していた株式会社ファースト・マイルの株式をAの自己資金を用いて一株25万円で売ってもらうこと、書類上は、これをキャッツが60億円で買い取り、その代金をグローバル・エクイティ・インベストメントに預けていた本件パーソナルチェックで支払った形にすることが合意された。さらに、AとBらファースト・マイルの株主との間で、Bらがファースト・マイル株式2100株を代金合計5億2500万円でAが実質的に支配するファースト・ハウス社に売却し、ファースト・ハウスが自社保有分を併せたファースト・マイル株2600株を額面60億円でキャッツに売却する形をとることが合意され、Aは、Bらに対し、代金のうち合計4億7500万円を支払った。そして、キャッツは、「関係会社株式」として「(株)ファースト・マイル60億円」と記載した貸借対照表を含む第29期（平成14年1月1日から平成14年12月31日まで）に係る有価証券報告書を作成し、関東財務局長に提出した。[1]

2 第1審判決

「ア…本件60億円の支出が行われた時点はもとよりファースト・マイル買収スキーム完了に至るまでの間、Aは、自らが公判廷で認めているとおり、60億円を現金で用意し、本件パーソナルチェックを決済するだけの資力を欠いていたものと認められる。

イ…〈1〉…Aは、本件パーソナルチェックを決済するだけの資力を欠いており、本件パーソナルチェックは支払呈示をして現金化することはできないものであったこと、〈2〉Cから経理担当者に対する指示により、キャッツにおいても、本件パーソナルチェックを支払呈示に回すことは予定されていなかったこと、〈3〉AもCも、これを承知で、本件パーソナルチェックの授受により、仮払金が返済された旨の経理処理をしたことを考慮すると、会計上、小切手が現金として扱われることとはかかわりなく、本件パーソナルチェックによる60億円の仮払いの返済は、仮装された無効のものであると解される。

ウ… 〈1〉グローバル・エクイティ・インベストメントに預け金として寄託された本件パーソナルチェックは、前記検討のとおり資金的裏付けを欠き、支払呈示によって現金化することができないものであり、〈2〉Aらはもちろん、グローバル・エクイティ・インベストメントの代表取締役であったBもこれを承知の上で、本件パーソナルチェックを預かり、グローバル・エクイティ・インベストメントにおいて、キャッツの中間監査に対し60億円を預かっている旨の証明をすることに合意していたこと、〈3〉AとBとの間では、グローバル・エクイティ・インベストメントが本件パーソナルチェックを換金して投資に充てることはなく、キャッツがグローバル・エクイティ・インベストメントに対して60億円を現実に返還請求することもない旨の合意がされていたこと、〈4〉Aらにとっては、Aらがキャッツ株の株価操縦を行い、その清算のためにキャッツから本件60億円の出金を受けて、仕手筋からキャッツ株を買い取った事実は、なんとしても隠し通さなければならないものであったといえ、そのためには、Aに対する60億円の仮払いが返済されていない事実も表面化を避けなければならなかったこと、〈5〉預け金スキームの際に作成された消費寄託契約書、機密保持契約書はいずれも日付を遡らせたものであり、預け金スキームは〈4〉の事実を隠して中間監査を通す目的で行われたものと認められることなどを総合すると、会計上、小切手が現金として扱われていることとはかかわりなく、キャッツからグローバル・エクイティ・インベストメントに対して60億円の現金が出金されたなどと認めることはできず、60億円の消費寄託は、仮装されたもので、私法上も無効であるものと解される。

エ　以上の検討によれば、〈1〉半期末の時点において、Aのキャッツに対する本件60億円の返還債務は残存していたものと認められる。そして、〈2〉Aが、本件60億円を仕手筋からのキャッツ株買取りのために費消し、そのキャッツ株もその後の仕手筋に対する損害金等の支払のために売却されて費消されたことからすると、Aは本件60億円を自己の計算で費消したものと認められる。これに〈3〉Aは、本件60億円の出金当時から、60億円を自己資金で調達する資力を欠いていたこと、〈4〉Aは、本件60億円の出金当初からキャッツ株買取りのために費消する意思であったこと、〈5〉半期末の時点では本件60億円が出金された2月から長期間が経過しており、キャッツ側においても、当初から、Aが、本件60億円を、一時的な立て替えなどではなく、自己の計算で保持しているのを認識していたとの評価が客観的に可能であることなどの事情が認められることを総合すると、私法上黙示の消費貸借契約を認めることができ、これに仮払金を貸借対照表に記載するには、その性質を示す適当な科目で表示しなければならないとされていること（企業会計原則第三の四（一））を考慮すると、本件半期報告書において、本件60億円の支出を貸借対照表に計上するに当たっては、Aに対する貸付金として処理すべきであったものと解される。

ところで、弁護人は、2月の本件60億円の支出の際に、利率、担保、返済時期の定めなど一般に金銭を貸し付ける場合に定めておく条項がなかったことから、本件60億円を貸付金として計上するべきではない旨の主張をしている。たしかに、2月の時点においては、これらの定めもなく、契約書の作成等通常行われるべき手続もされず、社内の経理上も仮払金として処理されていた。しかし、私法上消費貸借契約の成立にこれらの条項や手続が要件とされているわけではなく、上記判断のとおり、本件具体的事情の下では、黙示の消費貸借契約の成立を認めることができるのであるから、やはり、貸借対照表上、貸付金として計上すべきものと解される。

さらに本件60億円について、実質Aに対する貸付けのための取締役会の承認決議が撤回されていることから、私法上有効な消費貸借契約が成立しているかには疑義がある。しかし、上記撤回決議は、Aに対して60億円を貸し付けることが表面化すると、その相当性、適法性が問題となるおそれがあったため、これを隠ぺいするために行われたものである上、既に60億円の出金も行われ、その返済を速やかに行う予定もなかったというのであるから、上記撤回の効力をそのまま認めることが必ずしもキャッツの正当な利益を保護することにはならないともいえる。そして、取締役会決議を欠いた取締役への貸付けであっても、会社が取締役に貸し付けた金員の返還を求めた場合に、その取締役は貸付けの無効を主張し得ないこと（最高裁判決昭和48年12月11日民集27巻11号1529頁）、経済的実態に即した勘定科目で処理するという会計処理の必要上、法律行為の厳密な有効性までは要求されない場合があり得るとの実情もうかがわれることに照らすならば、本件60億円の支出について、取締役会決議が撤回されたとしても、本件具体的事情の下においては、Aに対する貸付金として扱うことの妨げとはならないものと解される。

オ　以上の検討によれば、グローバル・エクイティ・インベストメントに対する60億円の預託は仮装された無効のものである上、本件60億円は半期末の時点においてAに対する貸付金として扱うべきであったということができる。なお、貸付金と預け金がいずれも貸借対照表上の資産に属する金銭債権であることから、貸付金を預け金として計上しても、重要な事項についての虚偽記載ではないとの議論があり得ようが、本件半期報告書において、預け金は、M&A目的としてキャッツの経営上有益な資金使途に特定され、回収の見込みの乏しさなどはうかがわれない記載がされているのに対し、Aに対する貸付金は、代表取締役に対する巨額の貸付けとしてそれ自体相当性、適法性に深刻な疑義がある上、回収の見込みも乏しいものとなっているし、会計法規上も会社役員に対する一定額以上の貸付けについては区分掲記が求められているのであるから（財務諸表等規則19条）、本件具体的事情の下で、重要な事項についての虚偽記載に当たることは明らかである。

カ　以上によれば、判示第1のとおり、本件半期報告書において、本件60億円に関し、貸付金ではなく、60億円の預け金として計上された上、企業買収ファンド事業会社への資金の寄託である旨の注記がされたことは、重要な事項につき虚偽の記載のあるものと認められる。」

「契約書上は、B、D及びEがその保有していたファースト・マイル株を一株25万円でファースト・ハウスに売却し、ファースト・ハウスがキャッツにその保有分を併せた2600株を60億円で売却した旨の体裁が整えられている上、株価算定書において、ファースト・マイル株について総額60億円程度の評価がされており、キャッツの取締役会決議や経理処理等においても、その取得の対価として、キャッツがグローバル・エクイティ・インベストメントに預けた額面金額60億円の本件パーソナルチェックを支払ったかのような体裁が整えられている。

…しかし、〈1〉既に検討したように、本件預け金の内容である本件パーソナルチェックは、資金的裏付けがなく、支払呈示に回せないものである上、グローバル・エクイティ・インベストメントに対する60億円の消費寄託契約も無効なのであるから、グローバル・エクイティ・インベストメントやBらにとって、本件パーソナルチェックを取得し、また、60億円の預け金債務の免除を受けたからといって、実質的な経済的給付といえないことは明らかであり、〈2〉AとBがその旨を認識していたことも明らかである。そして、〈3〉ファースト・マイル株の対価として実際にB、D及びEになされた経済的給付は、それぞれAが支払い又は支払うべき一株25万円の計算による4億1000万円、9000万円、2500万円であり、このほかには見当たらない。さらに〈4〉ファースト・マイルはBらが1000万円余りの取得価額で入手した会社であり、株価算定書における60億円との評価額は純資産額と比較して余りに巨額であり、〈5〉取引当事者であるAとBも、実際に60億円で売買するなどという意思ではなく、一株25万円でファースト・マイル株式を売買する意思であったことなどを総合すると、ファースト・マイル株式の売買契約は一株25万円のものとして成立したと認められ、経理処理上も、ファースト・マイル株の取得価額は一株25万円の計算によるべきものと認められる。

なお、本件において、キャッツ社は、Bらが保有していたファースト・マイル株合計2100株とファースト・ハウスが保有していた同株式500株の合計2600株を取得しているところ、Bらが保有していたファースト・マイル株は上記のように一株25万円で売却されたと認められるものの、ファースト・ハウス保有の500株分の対価が証拠上判然としない。そして、ファースト・ハウスからの取得分の対価は存在しないものとして、実際にBらに払うことにした金額である5億2500万円がファースト・マイルの発行済み全株式の買取り価額であると考える余地もあるが、ファースト・ハウス保有分も併せて2600株を一株25万円で取得したと考える余地もあるので、キャッツにおけるファースト・マイル株の取得価額は高くとも6億5000万円であるとの限度で認定するのが相当である。

エ　以上の検討によれば、本件有価証券報告書において、キャッツが保有するファースト・マイル株式の取得価額が高くとも6億5000万円であるにもかかわらず、同株式の取得価額が60億円であるものとして、関係会社株式の価額が貸借対照表に計上され、これを前提とした…記載［貸借対照表上、資産の部の「投資その他の資産」に、「関係会社株式　73億4247万3000円」／連結貸借対照表上、「無形固定資産」に「連結調整勘定　62億9740万5000円」／連結キャッシュ・フロー計算書上、新規連結子会社の取得による支出として58億4341万円／その注記事項として、ファースト・マイル社の取得価額が60億円であること、その流動資産は7億1129万6000円、固定資産は3665万9000円、流動負債が6億8693万9000円であり、連結調整勘定が62億9740万5000円となる旨の記載—引用者］がされたことは、重要な事項につき虚偽の記載のあるものと認められる。」

3　控訴審判決

「グローバル・エクイティ・インベストメントがキャッツから預かった本件パーソナルチェックは

当座預金口座に決済資金が存在しなかったのであるから全く無価値の紙切れにすぎなかったのであって、グローバル・エクイティ・インベストメントが本件パーソナルチェックをキャッツから預かったことによって60億円に相当する財産の寄託を受けたとは認められず、本件半期報告書における60億円の預け金の記載は虚偽記載であると認められる。そして、本件60億円はA個人の資金不足を補うために交付されたものであって、返済期限や利息等が定められていなくても、その性質は貸付金であると認められる。

また、ファースト・マイル株取得の対価である本件パーソナルチェックが上記のとおり無価値である以上、本件有価証券報告書におけるファースト・マイル株の取得価額を60億円とした記載は虚偽記載であると認められる。そして、ファースト・マイル株取得に際してキャッツから何らの出捐がないため、取得価額を観念することは困難であるが、敢えて評価すれば、Bらの取得価額である1株25万円が最も高い評価であり、全２６００株で6億５０００万円ということになる。」

「そもそも、パーソナルチェックの価値は当座預金口座に額面と同額の決済資金が存在するかどうかのみによって決まるのであって、本件パーソナルチェックがキャッツ株２００万株の価値を表象することなどあり得ない。所論は、本件パーソナルチェックは即時換金性はなかったが、Aには財産があったため資産性はあったという。しかし、…Aに財産がなかったことは明らかである。また、…F銀行関係のキャッツ株１００万株についてはBは仲介しただけであって、AのBに対する返還請求権はないので、AはBに対してキャッツ株２００万株の返還請求権を有していたとは認められないし、仮に、Aがそのような請求権を有していたとしても、同人が9月から本件２００万株を順次処分していること、本件消費寄託契約の契約書には担保について何ら定めがないことに照らすと、同人がその請求権をキャッツのグローバル・エクイティ・インベストメントに対する預け金の担保に供する旨の意思表示をしたという事実は認められない。

また、…グローバル・エクイティ・インベストメントの代表者であるBとキャッツの代表者であるAが虚偽表示であることを前提に本件消費寄託契約を締結した以上、グローバル・エクイティ・インベストメントはキャッツに対して本件消費寄託契約が虚偽表示であることを主張できるのであって、第三者である監査法人に確認状を出したことによってグローバル・エクイティ・インベストメントの虚偽表示の主張が妨げられることはない。」

「Yは、本件半期報告書については、貸付金か預け金かが問題にされているのであり、いずれにせよ収益に影響しない、本件有価証券報告書については、取得価額を60億円として計上したとしているものの、6億5000万円との差額の53億5000万円について損失を認定しているわけではないので、収益への影響は認定しておらず、いずれも粉飾に当たらないという。しかしながら、本件半期報告書についていえば、運用成績次第の面があるが、基本的には60億円プラスアルファがキャッツに返還されることが期待されている預け金とAから返還されることがほとんど期待できない同人に対する貸付金とでは全く異なることは明らかである。また、本件有価証券報告書についていえば、ファースト・マイル株の価額を6億5000万円とするのか60億円とするのかでは、連結調整勘定の額が異なり、収益に影響することは明らかである。」

4 上告審決定

「以上の事実関係によれば、キャッツとグローバル・エクイティ・インベストメントとの間の前記消費寄託契約は仮装されたものであり、本件パーソナルチェックはグローバル・エクイティ・インベストメントにおいて60億円を運用するために交付されたものではないから、キャッツがグローバル・エクイティ・インベストメントに対して60億円に相当する財産を寄託したということはできず、…半期報告書の預け金に関する記載は、重要な事項につき虚偽の記載をしたものと認められる。また、本件パーソナルチェックは支払呈示をしないことを前提に交付されたものであり、ファースト・マイル株式の買収に当たっても、その代金支払手段とされたものとは認められないから、同株式を60億円で取得したということはできず、…有価証券報告書の同株式の取得価額の記載も、重要な事項につき虚偽の記載をしたものと認められる。」

5 グローバル・エクイティ・インベストメントに対する預け金か Aに対する短期債権（貸付金）か

この事件に係る裁判（判決および決定）は、法的にみるとどのような債権債務関係が存在するかを判断し、存在する債権債務関係を適切に描写することが会計処理に当たって要求されるという発想によっている。すなわち、法的に存在する債権のみが、会計上、資産として認識されるべきであり、存在しない債権は資産として認識されるべきはないということである。

第1に、キャッツからアグリシステムズを通じて60億円を借り受けた後、Aが本件パーソナルチェックを振り出してキャッツに差し入れたことによって、キャッツにおいて60億円が返済された旨の会計処理をすることは、「Aには本件パーソナルチェックを現実に決済し得るだけの資力はなく、キャッツの経理担当取締役Cは、従業員に対し、支払呈示をすると不渡りになるので本件パーソナルチェックを金庫に保管しておくよう指示した」という事実認定を前提とする限り、不適切であったといわざるを得ないであろう。なぜなら、このような事実関係の下では、本件パーソナルチェックは即時換金性がなく、したがって、現金とは同視できないのであるから、弁済がなされたとは評価できないからである（すなわち、キャッツとしてはAに対する債権を認識しつづけなければならない）。すなわち、債権が消滅するのは、原則として、債務者（または第三者）が債務の本旨に従って給付を行うことによってであるが、貸付債権の場合には（広義の）現預金の移転が必要とされる。たしかに、代物弁済も可能であるが、本件パーソナルチェックが支払呈示できないものであったのであれば、今度は、本件パーソナルチェック自体を「Aに対する債権」と評価せざるを得ないという帰結になる。[2]

そして、証券取引法（現在の金融商品取引法）の枠組みの下では、役員に対する短期債権であるか、第三者に対する預け金であるかは、その金額が会社の資産の総額の100分の1を超える、役員に対する短期債権については区分掲記が求められている以上（財務諸表等規則19条）、第1審判決が指摘するように重要な事項であると評価せざるを得ない。Yも第1審判決も、Aに対する貸付金であるかどうかに焦点を当てているが、財務諸表等規則19条は、貸付金に限定することなく、役員に対する「短期債権」[3]について当該資産を示す名称を付した科目をもって掲記しなければならないと定めている。Aに対する債権は、Yの主張どおり「貸付金」でないとしても、区分掲記が求められるという点で、第三者に対する預け金とは異なる。

第2に、グローバル・エクイティ・インベストメントに対する預け金を認識できるかという点であるが、判決が認定した事実からは、消費寄託契約を成立させる意思は当事者にはなかったというのであるから（通謀虚偽表示）、消費寄託契約の成立を前提として預け金を資産計上することは虚偽記載ということになる。消費寄託は、寄託を受ける者（受寄者）が寄託された物を消費して、後日、同種・同等・同量の物を返還すればよい寄託であるが、支払呈示をしない旨の合意があり、かつ、支払呈示しても不渡りになるという状況の下では、受寄者は消費（当該資金を利用）できないのであるから、本件においては消費寄託は成立していないとみるのが自然である（消費寄託は要物契約であり、消費できる寄託物が引き渡されていない以上、消費寄託は成立していないと説明することも可能であろう。）。

なお、「消費寄託契約に基づく企業買収ファンド事業会社への資金の寄託であります。」との注記は、グローバル・エクイティ・インベストメントは本件パーソナルチェックを受領することによって、運用できる資金を得ておらず、「資金の寄託」とは評価できない以上、虚偽記載に当たると解さざるを得ないであろう。

以上に加えて、平成14年時点において、一般に公正妥当と認められる企業会計の基準に該当すると理解されていた企業会計審議会『金融商品に係る会計基準』では、受取手形、売掛金、貸付金その他の債権の貸借対照表価額は、取得価額から貸倒見積高に基づいて算定された貸倒引当金を控除した金額とするとされており（第三、一）、「貸付金」という科目を用いなかったという一事をもって、貸倒引当金を控除する必要がないことにはならない。判決が認定した事実からは、Aに対する債権（本件パーソナルチェック）について貸倒引当金を設定する必要があったと考えられ、その結果、60億円の貸借対照表価額は過大であり、したがって、—仮に認識することができるとしても—預け金の貸借対照表価額も60億円未満ということになると思われる。

6 関係会社株式（子会社株式）の帳簿価額（貸借対照表価額）

『金融商品に係る会計基準』によれば、子会社株式および関連会社株式は、取得原価をもって貸借対照表価額とすることとされていた（第三、二、3）。また、『企業会計原則』では、有価証券の取得原価は、「購入代価に手数料等の付随費用を加算し、これに平均原価法等の方法を適用して算定した」ものであるとされていた（第三、五B）。しかし、本件のように購入代価が金銭で支払われていない場合には「購入代価」はどのように測定されるべきなのかが問題となり得た。日本公認会計士協会会計制度委員会報告第14号『金融商品会計に関する実務指針』（平成12年1月31日）では、「取得価額とは、金融資産の取得に当たって支払った対価の支払時の時価に手数料その他の付随費用を加算したものをいう」とされており（57項（2））、本件との関連では、「購入代価」は、「金融資産の取得に当たって支払った対価の支払時の時価」であるということになるはずである。ここで、『金融商品に係る会計基準』は、「時価とは公正な評価額をいい、市場において形成されている取引価格、気配又は指標その他の相場（以下「市場価格」という。）に基づく価額をいう。市場価格がない場合には合理的に算定された価額を公正な評価額とする」と定めていた（第一、二）。そうだとすれば、「特定資産との交換取引によって取得された非上場株式の取得原価は、交換に供された特定資産の簿価により自動決定される」というYの主張は、[4]『金融商品に係る会計基準』および『金融商品会計に関する実務指針』に沿ったものとはいえないように思われる。

本件において、支払った対価は本件パーソナルチェックまたは預け金であるから、判決が述べるように、本件パーソナルチェックが経済的に無価値であったのであればもちろん、そうでなくとも、60億円の価値がなかったのであれば、「対価の支払時の時価」は60億円未満であり、[5]したがって、ファースト・マイル株式の取得原価は60億円未満ということになる。また、Y主張のように、交換に供された特定資産の簿価をもって取得原価とするという見解をとっても、「交換に供された特定資産の簿価」が適正な簿価であることは当然の前提であるが、預け金の適正な簿価が60億円であったといえないとすると（上記5参照）、ファースト・マイル株式の取得原価はやはり60億円未満ということになる。

7　個別財務諸表と連結財務諸表

Yは、——裁判において、そのような主張がなされたかは明らかではないが——その著書において、連結財務諸表では、ファースト・マイルに対する投資として、ファースト・マイルの現金資産が1億5000万円、純資産が6000万円という開示がなされ、その差額としての59億円を連結調整勘定（のれん代）として認識し、連結調整勘定は15年で償却する旨の注記がなされているのだから、虚偽記載はないという趣旨の見解を示している。[6]

たしかに、平成14年当時、証券取引法に基づく開示においては、連結財務諸表が主、個別財務諸表が従という位置づけになっていた。しかし、連結財務諸表で適切な開示をすれば、個別財務諸表の虚偽記載が虚偽記載でなくなるとか、重要な事項についての虚偽記載でなくなるというようなことは想定されていない。[7]

注

1 この事件は、当時、キャッツの監査人であった監査法人の代表社員でありキャッツのクライアントパートナーとして、かつ、キャッツに対して多くの指導助言等を行っていた公認会計士Ｙ（被告人）について、有価証券報告書等虚偽記載罪の共同正犯が成立するかどうかが争われたものであり、Ｙとキャッツの代表取締役社長であったＡらとの間に虚偽記載についての共謀があったかどうかという問題は重要であるが、本連載の趣旨に鑑み、検討の対象とせず、虚偽記載があったと評価されるかどうかという問題に限定してコメントを加えている。

2 なお、本事件に関して、Ｙは、アグリシステムズに対する貸付決議を取り消した以上、期限の利益がアグリシステムズ（ひいてはＡ）には認められないから、キャッツとしては「仮払金」として処理してよかったという見解を示しておられるが（細野祐二『公認会計士vs特捜検察』１４３－１４４頁（日経ＢＰ社、平成19年））、「貸付金」という勘定科目で処理すべきかどうかは格別、「仮払金」（勘定科目や金額が不明の支出を行った場合に、勘定科目や金額が確定するまで一時的に使用する勘定科目）という性質を有するとはいえないことは明白であるように思われる。しかも、アグリシステムズ（ひいてはＡ）に弁済能力がない以上、期限の利益が認められるかどうかによって、会計処理を異ならせる合理的根拠は見当たらない。

3 しかも、平成14年6月30日時点の財務諸表等規則17条1項1号から12号までには「預け金」や「仮払金」は含まれていないので、同条項13号にいう「その他」にそれらも含まれると解される。

4 細野・前掲注（２）３８６頁。

5　Yは、パーソナルチェック振出時のAの純資産額は196億円であったとして、本件パーソナルチェックは経済的価値を有していたと主張したが（細野・前掲注（2）391頁参照）、本件パーソナルチェックの支払呈示がなされ、それに対して支払がなされたことは判決において認定されていないのみならず、—筆者が見逃しているかもしれないが—Yの著書においても摘示されていない（控訴審判決は「Aに財産がなかったことは明らかである」と摘示している。また、基準時は不明であるが、Aは事件当時、少なくとも35億円の純資産を有していたと述べていたようであり（細野・前掲注（2）237頁）、それでは60億円には満たない。）。なお、パーソナルチェックの即時換金性がなくともYに十分な財産があれば、資産性はあるというYの主張は法的に正しいが（Yに資力があれば、遡求義務の履行強制は空振りしないであろう。）、上述したように、即時換金性がないのであれば、小切手として現金扱いするのは誤った会計処理である。

6　細野・前掲注（2）301頁。

7　損害賠償請求との関係では、個別財務諸表の虚偽記載と損害との間の因果関係がないとか、賠償請求をする投資家について過失相殺が認められるということはあるかもしれないが、連結財務諸表をみれば実態が判明するはずであるという理由で、個別財務諸表の虚偽記載（瑕疵）が治癒されるということは考えられない。

18 そごう事件
―貸倒引当金と保証損失引当金

①第1審（東京地判平成20・2・19判時2040号29頁）
②控訴審（東京高判平成20・8・28判時2040号48頁）（上告されず、確定）

1 事案の概要

そごうグループは、上場会社である株式会社そごう（以下「そごう」という。）と、そごうの代表取締役会長であったY_1（被告）およびその妻のAが過半数の発行済株式を所有する株式会社千葉そごうおよびその子会社（以下「千葉そごうグループ」という。）とに区分され、特に千葉そごうグループは、Y_1を中心に一店・一会社主義によりそれぞれ独立した経営管理が行われていた。そして、そごうと千葉そごうグループは資本関係において分離されており、そごうには千葉そごうグループの支配権がなく、改正前連結財務諸表規則によると、千葉そごうグループは、そごうの連結財務諸表の範囲には含められていなかった。

そごうの第102期（平成5年3月1日から平成6年2月28日まで）に係る有価証券報告書に含

められていた貸借対照表上の剰余金は３４７億３０００万円であり、別途積立金、固定資産圧縮積立金を除いた当期未処分利益は24億３４００万円であった。また、同期のそごうグループ全体の百貨店事業は、総売上高1兆１３１７億７４００万円に対して５２３億２６００万円の経常赤字であり、また、同期のそごうグループの百貨店以外の事業会社は、総売上高６６１億７１００万円に対して78億１５００万円の経常赤字であった。ところで、同期末におけるそごうの千葉そごうグループに対する貸付金の残高は１２１７億円余りであり、保証債務は１９８５億円余り、保証予約は２９２億円余りであったが、これらの貸付金については、千葉そごうグループの有力企業の保証があり、債務保証、保証予約についても同様に再保証があった。そこで、そごうは、貸倒引当金として、法人税法上の法定繰入率（１０００分の10）により21億６００万円を、個別引当のうち債権償却特別勘定繰入（法人税基本通達９－６－４）として43億１０００万円、有税繰入として21億１４００万円の合計85億３０００万円を計上したが、保証損失引当金は計上しなかった。なお、貸借対照表の注記として、保証債務額が２０２１億１９００万円、そのほかに保証予約が９０６億１７００万円との記載がなされていた（ただし、保証予約額は、全額ではなく一部のみ記載。）。

この後、そごうおよび株式会社千葉そごうは、巨額の経常赤字に対応するための改善計画及び見直し計画を策定・実施し、その体制整備を図り、メインバンク等からの支援を得ていたが、計画目標を十分に達成できず、負債が増大した。また、そごうの第１０８期（平成11年3月1日から平成12年2月29日まで）末における千葉そごうグループに対する貸付債権等の残高は、貸付金２２６１億７００万円、保証債務１８０２億４００万円、保証類似行為３３１６億６４００万円であった。

このような状況の下で、監査人であるY2監査法人（被告）から貸倒引当金を計上するように指導を受け、第108期に係る有価証券報告書の「追加情報欄」において、「当社は、千葉そごうグループ会社に対し、2261億700万円の貸付金を有するほか、借入金等に対して5118億6800万円の債務保証ならびに保証類似行為（保証予約・経営指導念書等の差入れ）を行っている。これに対して、保証債務等につき当社の負担となる損失を合理的に見積もることは困難であるが、「千葉そごうグループ抜本再建計画」を前提に貸付金につき当社が直接負担すべき損失を見積もり1718億2500万円の貸倒引当金（うち当期繰入額1406億円）を計上している。」との記載をした。この貸倒引当金の計上により、そごうは、貸借対照表上、債務超過の状態となったため、同年4月、有利子債務合計約1兆7000億円のうち約6390億円の債務免除等を内容とする再建計画を策定し、金融機関に対してその同意を求め、私的整理による再建案をまとめたが、預金保険機構が日本長期信用銀行（その後の新生銀行）から承継する債権が債権放棄の対象となることが社会的・政治的問題となり、世論の強い批判を受けたことから、この再建計画の遂行が困難となり、そごうグループ全体の信用不安が一層助長され、事業の継続が難しくなった。結局、そごうは、東京地方裁判所に対し、平成12年7月12日に、民事再生法に基づく民事再生手続開始の申立てをし（平成12年（再）第58号）、同月26日に、開始決定を受け、平成13年2月7日にはその再生計画案が確定した。この再生計画に基づき、同月27日に資本減少の効力が生じたため、そごうの株式はほとんど無価値となった。

そこで、この民事再生手続開始申立前に、そごうの株式を購入したX1ら（原告）が、Y1に対し、そごうの第102期から第108期に係る有価証券報告書に含まれる財務諸表に、千葉そごうグループ各社に対するそごうの貸付金債権および保証債務履行請求権につき貸倒引当金及び保証損失引当金として計上していれば、そごうの債務超過が明らかであったのに、それらを計上しなかったのは虚偽記載であるなどとして、また、それらの財務諸表を監査したY2監査法人に対し、そのような虚偽記載があるのに財務諸表がそごうの財政状態および経営成績を適正に表示しているものとして監査証明をしたとして、損害賠償を求めた。

2　第1審判決

I　①「「公正なる会計慣行」の「公正」の意義・内容については、…商人の営業上の財産及び損益の状況を明らかにするという商業帳簿を作成させる商法の目的からみて公正であることと解すべきである。…「会計慣行」の意義・内容については、その文言に照らし、民法92条における「事実たる慣習」と同義に解すべきであり、一般的に広く会計上のならわしとして相当の時間繰り返して行われている企業会計の処理に関する具体的な基準あるいは処理方法をいうと解するのが相当であり、企業会計の処理に関する具体的な基準あるいは処理方法が、少なくともわが国の特定の業種に属する企業において広く行われていること（一般性）が必要であり、また、相当の時間繰り返して行われていること（反復継続性）が必要と解すべきである。」」。

②「企業会計原則及び企業会計原則注解の規定によっても、本件では原則論にとどまり、どのような場合に、いかなる額を引当すべきかの基準は明確になっているとはいえないものであるから、

本件においては、企業会計原則そのものをもって「公正なる会計慣行」とすることはできない。」。
③「金融商品会計基準〔企業会計審議会『金融商品に係る会計基準』―引用者〕の実施時期は平成12年4月1日以降に開始する事業年度（そごうのような2月決算の会社では平成14年2月期以降の事業年度）とされていることが認められるので、そごうの平成6年ないし平成12年の各2月期の決算には適用がない。」。
「企業は、〔企業会計原則―引用者〕注解18の「将来の特定の費用又は損失であって、その発生が当期以前の事象に起因し、発生の可能性が高く、かつ、その金額を合理的に見積ることができる場合には、当期の負担に属する金額を当期の費用又は損失として引当金に繰入れ、当該引当金の残高を貸借対照表の負債の部又は資産の部に記載するものとする。」に従い回収可能性を検討し、回収が見込めない金額を貸倒引当金に計上する必要があるが、実際上、貸倒引当金の計上の要否や計上額を決定するためには、より具体的な基準が不可欠であった。」

「金融商品会計基準が導入される以前のそごう等の事業会社においては、貸倒引当金の計上について、「報告5号」〔日本公認会計士協会監査委員会報告第5号「貸倒引当金に関する会計処理及び表示と監査上の取扱い」―引用者〕以外にはその計上基準として合理性及び客観性のある具体的な基準となる実務指針やガイドラインは存在していなかった。

そして、「報告5号」には、貸倒引当金の計上につき、「企業が一定の算定基準を有していたとしても、その基準が合理的かつ客観的でないと認められるとき、又は明らかに不足あるいは超過していると認められるときは、除外事項とする。ただし、企業が算定基準として税法基準を採用しているときは、税法基準によって計上した貸倒引当金が企業の実態に応じて計上すべき貸倒見積高に対して明らかに不足していると認められる場合を除いては、除外事項としないことができる。」と定められていた。」。

「貸倒引当金に関する会計慣行として、多くの企業が税法基準を基本とし、税法基準によって計上した貸倒引当金が企業の実態に応じて計上すべき貸倒見積高に対して明らかに不足する場合に限り追加的に貸倒引当金を計上するという基準を採用しており、これは、一般的な会計上の基準となっていた。」「会計理論上も、個別引当に関する法人税基本通達9－6－4等の取扱いは、発生主義に基づく期間損益計算の正確性の確保という見地から、注解18の範囲内のものとして、妥当と評価できるものであった。」「上記認定事実によると、金融商品会計基準が導入される以前のそごう等の事業会社においては、税法基準を基本とする「報告5号」の取扱いが、貸倒引当金の計上基準として、「公正なる会計慣行」を形成していたものと認めるのが相当である。

そうすると、税法基準を基本とした上で、税法基準によって計上した貸倒引当金が企業の実態に応じて計上すべき貸倒見積高に対して明らかに不足する場合は別途貸倒引当金の計上をするが、税法基準によって計上した貸倒引当金が企業の実態に応じて計上すべき貸倒見積高に対して明らかに不足していると認められない限り、会計上も、税法基準による引当（法定繰入率に基づく一般引当＋法人税基本通達9－6－4等に基づく個別引当）を行っていれば足りるという「報告5号」の取扱いが「公正なる会計慣行」を形成していたものというべきである。」。

Ⅱ「平成6年2月当時には、保証損失引当金の計上について具体的に定めた実務指針、ガイドライン等はなく、実務慣行として定着したものはなかったが、注解18に「債務保証損失引当金」が引当金の一例として掲げられており、企業会計原則注解当時から保証損失引当金が認識されていたこと、法人税基本通達9－6－2の注記において、保証債務について、「現実にこれを履行した後でなければ貸倒れの対象にすることはできないことに留意する。」と規定されていること、公開草案9号［日本公認会計士協会会計制度委員会公開草案第9号「保証債務損失引当金の会計処理（中間報告）」―引用者］は、関係各方面からの意見聴取のための中間報告であり、最終的に正式な委員会報告とならなかったものであるが、実務上は、これを参考に、引当金の計上の要否等を検討していたことが認められる。」「報告22号［日本公認会計士協会監査委員会報告第22号「子会社又は関係会社の株式及びこれらに対する債権評価の取扱い」―引用者］には、その〔解説〕において「保証債務損失引当金」の言及が存するものの、当該報告では検討未了として将来の実務的解決が必要であるとしているにすぎないこと、また、公開草案9号の「保証債務の履行請求に基づく損失の負担の可能性が極めて高く」とは、「確率論的に説明すれば十中八九ということ」と解されていたこと、そして、平成11年3月以降の決算について適用された報告61号［日本公認会計士協会監査委員会報告第61号「債務保証及び保証類似行為の会計処理及び表示に関する監査上の取扱い」―引用者］は、保証損失引当金の計上基準として、「保証人が保証債務を履行し、その履行に伴う求償債権が回収不能となる可能性が高い場合で、かつ、これによって生ずる損失額を合理的に見積もることができる場合」としていること、加えて、保証債務等偶発債務については、財務諸表に注記することが求められており（注解18。報告61号では、更に損失発生の可能性についての注記も要求されている。)、会社の財務状況の正確な把握を目的とした商法上の計算書類としては、そのような注記によって損失発生の可能性を把握することが可能であり、貸倒引当金とは事情が異なること、さらに、保証損失引当金については、貸付債権と異なり、保証人から主債務者への求償権は、債権者が保証人に対して、保証履行を請求し、保証人がこれを履行した後にはじめて具体化する偶発債務であるから、保証の場合の主債務者への求償権は、債権者が保証履行を請求するか否かという不確定要素が存するので、保証損失引当金を計上しなければならない場合は、税務上はもとより、会計上も限定されていることが認められる。

そうすると、保証損失引当金の計上の要否については、公開草案9号を参考にして注解18に依拠するとともに、平成11年3月以降の決算については報告61号に従い個別に検討するのが相当である。」

3 控訴審判決

[第1審判決を一部訂正、付加したほかは引用しており、主要な訂正・付加部分のみ]

「X_1ら主張のように貸付先が債務超過であるとしても、これによって貸付先が直ちに支払不能に陥る可能性が高いと断定することはできないものであり、X_1らの主張する「貸付先が債務超過であれば、貸付金等の全額について貸倒引当金等を計上しなければならない」との基準は、それ自体商法上はもとより会計上も何ら合理的な根拠のないものといわざるを得ないものであり、X_1らの上記「報告5号」についての主張が「公正なる会計慣行」を形成していたことについての立証はない。なお、X_1らは、この点についてX_1らに立証責任がない旨の主張をするが、X_1らは、その主張する事実

（X_1らの主張する公正なる会計慣行等）について立証すべきことは明らかである。

そうすると、X_1らは、貸付先が債務超過であれば貸付金等の全額について引当金の計上をしなければならないという会計上根拠のない独自の考え方を、あたかも「報告5号」の基準に当てはめたかのように主張しているにすぎないもので、その基準論としての主張は失当といわざるを得ない。」

「平成6年ないし平成11年の各2月期においては、そごうに公開草案9号にいう「保証債務の履行請求に基づく損失の負担の可能性が極めて高い」、注解18にいう「将来の特定の損失の発生の可能性が高い」という保証損失引当金の計上の要否についての判断要件に当たるものとはいえず、また、平成12年2月期においても、報告61号にいう保証損失引当金の計上基準である「主たる債務者の財政状態の悪化等により、債務不履行となる可能性があり、その結果、保証人が保証債務を履行し、その履行に伴う求償債権が回収不能となる可能性が高い場合」に該当するとまでいうことはできないから、そごうにおいて保証損失引当金を計上すべきであったということはできない。」

4 「公正なる会計慣行」

第1審判決の判示Ⅰ①（控訴審判決もこれを引用し、是認。以下同じ。）は、東京地判平成17・5・19判時1900号3頁をはじめとする下級審裁判例において採られている見解を踏襲したものであり、会社法431条にいう「一般に公正妥当と認められる企業会計の慣行」にも妥当する。すなわち「公正なる」ないし「一般に公正妥当と認められる」会計の慣行であるか否かは、会社法中の計算規定の目的、すなわち、企業の財産および損益の状態を明らかにするという目的に照らして判断されると考えられてきた。また、「会計慣行」とは、原則として、民法92条における「事実たる慣習」と同義に解すべきであり、一般的に広く会計上のならわしとして相当の時間繰り返して行われている企業会計の処理に関する具体的な基準あるいは処理方法をいうというのも下級審裁判例においては確立した考え方である。[1]

他方、第1審判決の判示Ⅰ②は、「企業会計原則そのものをもって「公正なる会計慣行」とすることはできない」と判示したが（Ⅰ②）、これは、他の公刊物掲載裁判例[2]及び『商法と企業会計との調整に関する研究会報告書』（平成10年6月16日）の採る解釈とは異なっているし、「正常な貸倒見積高を控除した金額とする」（『企業会計原則』第三　貸借対照表原則　五C）という基準を無視すべきである、または無視してよいとする説得力を有する根拠は示されていない。

5　公正なる会計慣行についての立証責任

日債銀事件控訴審判決（大阪高判平成16・5・25判時1863号115頁）（本書179頁）は、原告らの「主張する会計基準が、仮に、公正な会計慣行の一つであるといえるとしても、唯一絶対のものであることを認めるに足りる証拠はなく」（圏点―引用者）として、ある会計処理方法が「公正なる会計慣行」であること、および、「唯一の公正なる会計慣行」に当たることの主張立証責任は原告にあることを前提としていると理解できるが、本件控訴審判決は、原告である「X_1らの上記「報告5号」についての主張が「公正なる会計慣行」を形成していたことについて…X_1らに立証責任がない旨の主張をするが、X_1らは、その主張する事実（X_1らの主張する公正なる会計慣行等）

について立証すべきことは明らかである」として、原告に主張立証責任があると明示的に判示した点で、他の裁判例にみられない特徴を有している。

たしかに、平成17年改正前商法32条2項にいう「公正ナル会計慣行」または会社法431条にいう「一般に公正妥当と認められる企業会計の慣行」もしくは財務諸表等規則1条1項などにいう「一般に公正妥当と認められる企業会計の基準」は法律問題と考えられているようである。[3]その上で、「一般に公正妥当と認められる企業会計の基準」は法令によって認められている場合なので当事者の主張立証を待たずに裁判所は職権でその内容を探知すべきであるという有力な見解がある。[4]これは、法例2条（現在の法通則法3条）によって慣習が適用される場合につき、「裁判官は『法律』の適用と同様に――すなわち当事者の主張・立証を待つことなく――職権をもって、慣習規範を探求して適用すべきである」という有力な見解[5]を当てはめたものである。[6]しかし、損害賠償請求を行う原告が「虚偽の記載」があることの主張・立証責任を負うのは当然である。そして、原告は、何が「一般に公正妥当と認められる企業会計の慣行」または「一般に公正妥当と認められる企業会計の基準」であるかを主張立証し、被告の行った会計処理がそれらとは異なり、かつ、異なることに合理的な理由がないことを主張立証しなければ、虚偽の記載があったことを立証したことにならないと考えられる。なぜなら、会社法も金融商品取引法も「従うものとする」と定めているにとどまっている（離脱の余地を排除していない）のであって、「一般に公正妥当と認められる企業会計の慣行」または「一般に公正妥当と認められる企業会計の基準」と異なる会計処理により作成された計算書類または財務諸表に虚偽の記載があると直ちに評価することは適切ではないからである。

6 貸倒引当金といわゆる税法基準

（1）いわゆる税法基準と「公正なる会計慣行」

商法・商法施行規則または公表されている企業会計の基準がカバーしていない領域においては、実務上、いわゆる税法基準によって会計処理が行われることが多いといわれていた。したがって、いわゆる税法基準によって会計処理をすることは、平成17年改正前商法32条2項にいう「会計慣行」に当たると解される場合は少なくなかった。

もっとも、いわゆる税法基準が「公正」な会計慣行であるか否かは、税法等の個々の規定およびその適用の仕方によって異なるのであって、個別的に検討を加える必要があった。なぜならば、税法の目的と商法の目的とは異なるのであって、税法は、企業の財産および損益の状況を忠実に描写することを必ずしも目的とはしていないからである。

たとえば、税法が定める耐用年数に従った減価償却は、原則として、「公正ナル会計慣行」に従ったものと解されるのに対して、減価償却限度額未満の償却や非償却は、法人税法上は許容されているが、商法上には違反するものと考えられていた。これは、会社法および平成17年改正後商法の下における「一般に公正妥当と認められる（企業）会計の慣行」の会社にも妥当するものと考えられる。

なお、平成17年改正前商法の下での裁判例としては、たとえば、東京地判平成17・9・21判タ1

205号221頁は、「税法の規定が企業会計の中に浸透して、それ自体が適正な会計基準の一部となっている例（減価償却の耐用年数について、税法に定める法定耐用年数を用いる等）もあること…にも照らせば、中小企業の商法会計において、合理的な理由がある場合には、法人税法の規定に基づいて会計処理を行うことも許されるというべきである。そうすると、商法会計として、法人税法の規定によって会計処理をすること自体が「公正ナル会計慣行」に反するということはできないと（ただし、中小企業を前提としている点に留意する必要がある）、大阪地判平成18・2・23判時1939号149頁は「法人税法においては、多数の大蔵省（現財務省）の通達が出され…、実務上、これらの通達によって税務処理あるいは課税上の利益金の算出が行われてきたことが窺えることから、法人税法上の基準（通達も含む）もまた「公正な会計慣行」に該当するというべきである」と、それぞれ、判示していた。また、最二小判平成20・7・18刑集62巻7号2101頁（本書5頁）および最二小判平成21・12・7刑集63巻11号2165頁は「これまで「公正ナル会計慣行」として行われていた税法基準の考え方」という表現を用いており、いわゆる税法基準が「公正ナル会計慣行」にあたる場合があることを前提としている。ただし、大阪地判平成19・4・13判時1994号94頁は、「税法基準は、主務官庁の方針そのものであり、その監督下にある金融機関は、その方針に従うのが最も合理的であり、かつ一般的であったといえる」と指摘していたのであり、そごうは金融機関ではなく、自らの財産の状態を適正に表示する会計処理を選択すべきであったという見方も十分に成り立つ。

（２）　本判決の特徴と問題点

本判決は、「平成６年当時は、貸倒引当金について、継続開示会社３００社のうち、税法基準の限度額を計上している会社と税法基準に加えて不足額を追加計上している会社の合計は、２８４社（全体の94％以上）に上っており、その後、平成７年当時も３００社中２８６社（全体の95％）、次いで平成８年当時も３００社中２８８社（全体の96％）が同様の基準で貸倒引当金を計上していた。」として、「慣行」に当たることをとりわけ丁寧に認定している点で高く評価できる。

他方、本判決は、「「報告5号」の取扱いが「公正なる会計慣行」を形成していた」とし、「税法基準によって計上した貸倒引当金が企業の実態に応じて計上すべき貸倒見積高に対して明らかに不足していると認められる」場合にのみ、追加計上をすれば足り、X_1らが「明らかに不足していると認められる」場合であることを主張・立証できていないことを理由として、商法違反はないと判断したようである。しかし、平成14年改正前商法２８５条ノ４第２項[7]の趣旨からすれば、会計処理の基準としては、税法基準によることができるのは「税法基準によって計上した貸倒引当金が企業の実態に応じて計上すべき貸倒見積高に対して不足していないと認められる」場合のはずであり、監査における指針を示した——会計処理の基準を示したものではない——「報告第5号」によって、（平成14年改正前）商法の規定を空文化するような解釈をすることは適切であるとはいいがたい。

また、最二小判平成21・12・7は、「大蔵省金融検査部長が同省の監督権限に基づき発出した不良債権償却証明制度等実施要領がその方針や審査の手続・基準等を定め、「合理的な合併計画や再建計画が作成中あるいは進行中である場合」や「債務者に対して追加的な支援（融資、増資・社債の引受、債務引受、債務保証等）を予定している場合」に当たる取引先…については、法人税基本通達9－6－4（1）において債権償却特別勘定に繰り入れることができる場合とされている「事業好転の見通しがない」と判断することは原則として適当ではないとされていた」との事実認定を行っていたのであり、金融機関ではないそごうは、法人税基本通達9－6－4等に基づく個別引当の要否を自己の判断で行うことができたにもかかわらず、個別具体的に引当の要否を検討していなかったのではないかという懸念は残る。

以上に加えて、「会計理論上も、個別引当に関する法人税基本通達9－6－4等の取扱いは、発生主義に基づく期間損益計算の正確性の確保という見地から、注解18の範囲内のものとして、妥当と評価できるものであった」と判示した点は説得力を欠いているように思われる。そもそも、貸倒引当金を注解18の要件を満たさない限り設定しなくてもよい[8]と理解することは適切とは思われない。平成17年改正前商法および会社法の下では、合理的な回収不能見積額（貸倒見積高）を控除せずに債権を貸借対照表に計上することは、分配可能額算定目的との関係においてはもちろんのこと、情報提供目的の観点からも、一種の架空資産を計上することになり、企業の財政状態（財産の状態）を適正に表示しないことになるからである。「発生の可能性が高い」（90％から95％というイメージでとらえるならなおさらであるが）とか「金額を合理的に見積もることができる」という規準を適用することは適当ではない。また、報告22号も会計基準ではないのであり、千葉そごうグループがそごうの子会社または関連会社でないことのみを理由に、報告22号が示していたような貸倒見積りの方法が千葉そごうグループに対する債権評価には適用されないという結論を導くことにも無理があったように思われる。

7 保証損失引当金

本件では、証券取引法上の開示（有価証券報告書等の虚偽記載）が問題とされたはずであるが、第1審判決の判示Ⅱは、商法上の計算書類に関する検討を加えているので（証券取引法上の「一般に公正妥当と認められる企業会計の基準」と平成17年改正前商法32条2項にいう「公正ナル会計慣行」とは同様に考えることができることが暗黙の前提となっているのであろう）、商法の観点からの問題点を見ておく。

企業会計原則注解注18では、「債務保証損失引当金」を引当金の例示に含めている。そして、債務保証損失引当金も平成14年改正前商法287条ノ2の引当金にあたるとする見解も有力であった[9]が、保証債務は法律上の債務であり、同287条ノ2を待たずして、負債であると解することが理論的には正しいということができた。

すなわち、（平成14年改正前）商法上、負債は法律上の債務に限るとするのが通説であったし[10]、江頭教授も、「退職給付引当金、製品保証引当金、売上割戻引当金等は、停止条件付であったり金額が予測に基づいているとはいえ、一般に法律上の債務であるから、負債の部に計上できるのは当然であり、ここにいう引当金［企業会計原則注解注18にいう引当金—引用者］ではない」と指摘されている[11]。より直截に、会計学上の負債と商法上の負債が同一である必要はないとし、基本的には法的な債務が（平成14年改正前）商法上、貸借対照表能力が認められる負債である（＝負債の定義と認識規準を満たす。）とする論者も存在した。[12] そして、―たしかに、連帯保証でない保証については、催告および検索の抗弁が認められるものの、そうであっても―保証契約の締結により債務を負担することになるから、保証債務は停止条件付債務[13]というわけでもない。このように、保証債務も現実に存在する法律上の債務であるから、貸借対照表能力を有すると考えられてきた。[14]

たしかに、商法の解釈上も、保証債務を負債として計上しないことが認められてきたが、これは、保証債務は求償権を伴い、保証債務と求償権とが見合っているので貸借対照表に記載をする必要がないからであると考えられてきた。[15] そして、保証債務を保証引受時に負債として計上しない場合にも、保証債務の履行が求められる蓋然性が高くなった場合には、保証債務を負債として計上する必要があると指摘されてきた。すなわち、主たる債務者の資産状態が悪化したような場合において、保証債務を履行したことによって主たる債務者に対して有することになる債権（求償権）の全部または一部の取立てが不能となるおそれがある場合には、保証債務とそれを履行したことによって主たる債務者に対して有することになる求償権との見合いの関係が破られる以上、保証債務を負債の部に計上し、保証債務を履行することによって主たる債務者に対して有することになる求償権を取立不能見込額を控除して資産の部に計上するか、[16] 少なくとも取立不能見込額に相当する引当金を計上することが求められると解されてきた。

計算書類規則32条ただし書き（現在では、会社計算規則103条5号かっこ書きがこれに相当）は、「負債の部に計上するものは、この限りでない」、すなわち負債の部に計上するものは注記しなくてもよいと規定していたが、これは、保証債務を負債の部に計上することが商法上は認められ、かつ、計上しなければならない場合（保証債務、手形遡求義務等については、少なくとも、主たる債務者が債務不履行になった場合あるいは手形が不渡りになった場合には、当然に負債の部に計上しなければならないと解されていた）[17]があるからである。

たしかに、本判決が指摘するように、日本公認会計士協会監査委員会報告第5号が「保証債務の履行請求に基づく損失の負担の可能性が極めて高」い場合に保証損失引当金を計上することを求め、「可能性が極めて高く」とは、「確率論的に説明すれば十中八九ということ」と解されていたこと、日本公認会計士協会監査委員会報告第61号「債務保証及び保証類似行為の会計処理及び表示に関する監査上の取扱い」が、保証損失引当金の計上基準として、「保証人が保証債務を履行し、その履行に伴う求償債権が回収不能となる可能性が高い場合で、かつ、これによって生ずる損失額を合理的に見積もることができる場合」としていたことはたしかであるが、これが、商法の観点から「公正なる」会計慣行を示していると評価できるのかどうかは検討されるべきであったように思われる。なお、本判決は「保証債務等偶発債務については、財務諸表に注記することが求められており（注解18。報告61号では、さらに損失発生の可能性についての注記も要求されている。）、会社の財務状況の正確な把握を目的とした商法上の計算書類としては、そのような注記によって損失発生の可能性を把握することが可能で」あったことを、[18]そごうが保証損失引当金を計上しなかったことが「公正なる会計慣行」に反するとはいえないとする根拠の1つとして挙げているが、仮に、情報提供目的の観点からは注記で足りると解しても、[19]配当可能額（現在では分配可能額）算定という観点からは説得力が乏しい。

すなわち、商法における伝統的な解釈からすれば、保証債務の履行を求められないであろう部分を控除した額で保証債務を負債計上することが論理的であり、履行を求められる可能性が「十中八九」でない限り負債を計上しないというのは、法的債務を負担していることと首尾一貫しないと考えられる。[20]

注

1 東京地判平成20・2・19判時2040号29頁、東京高判平成26・9・19（平成24年（ネ）第1349号。最決平成27・10・13により上告不受理）など。

2 大阪地判平成15・10・15金判1178号19頁、大阪高判平成16・4・27（LEX／DB28092880）、東京地判平成17・9・21判タ1205号221頁、大阪地判平成19・2・23判時1939号149頁、大阪地判平成19・6・6判時1974号3頁、大阪地判平成24・6・7金判1403号30頁など。

3 大隅健一郎『商法総則［新版］』218頁（有斐閣、昭和53年）、江頭憲治郎『株式会社法［第7版］』637頁（有斐閣、平成29年）、出口正義〈判批〉判例評論555号42頁（平成17年）など。ただし、岸田雅雄〈判批〉ジュリスト1291号110頁（平成17年）。

4 もっとも、平成17年改正前商法32条2項にいう「慣行」は民法92条にいう「事実たる慣習」と同義であるというのが本判決を含む裁判例が採る解釈であった。

5 久保大作〈判批〉法学新報115巻5・6号340頁（平成20年）。

6 川島武宜『民法総則』253頁（有斐閣、昭和40年）。

7 平成14年改正後は、商法施行規則35条2項。

8 商法の観点からは、注解注18は法的債務性のない負債性引当金の計上（認識）基準にすぎないと理解されてきた（たとえば、大住達雄「商法における引当金の性格」税経通信22巻14号61頁（昭和42年）。また、江頭・前掲注（3）662頁参照。この点で、注解注18が「貸倒引当金」を例示していることは不適切である）。

9 蓮井良憲「注釈287条ノ2」『新版注釈会社法（8）』260頁（有斐閣、昭和62年）、大隅健一郎＝今井宏『会社法論　中巻［第3版］』408頁（有斐閣、平成4年）。

10 法務省民事局『株式会社の計算規定の内容に関する商法改正要綱試案に関する意見集』九（昭和35年）、田中耕太郎『貸借対照表法の論理』77頁（有斐閣、昭和19年）、上田明信『改正会社法と計算規則』98頁（商事法務研究会、昭和39年）、味村治「経理処理」『経理・税務（経営法学全集X）』143頁（ダイヤモンド社、昭和43年）、大住達雄『商法の計算理論〔新版〕』134頁（同文舘出版、昭和49年）、庄政志「貸借対照表の特別項目総説」吉永栄助＝飯野利夫（監修）『会社の計算　上』205頁（商事法務研究会、昭和49年）など。

11 江頭・前掲注（3）662頁。

12 黒木正憲『新商法計算書類規則逐条解説』96頁（税務経理協会、昭和50年）。

13 そもそも、貸借対照表に計上すべき法律上の債務には、確定債務のみならず、不確定期限付債務や停止条件付債務も含まれると解されてきた。最近のものとして、江頭・前掲注（3）662頁参照。

14 加藤一昶「新計算書類規則の概要」味村治ほか『新商法と企業会計』186頁（財経詳報社、昭和49年）、味村治『会社決算の法律と実務』187頁（税務研究会出版局、昭和50年）。

15 竹田省『商法総則』161－162頁（弘文堂、昭和7年）、大隅健一郎『商法総則』230－231頁（有斐閣、昭和34年）、味村・前掲注（14）182頁。

16 味村・前掲注（14）182頁、庄政志「引当金」吉永栄助＝飯野利夫（監修）『会社の計算　上』273頁（商事法務研究会、昭和49年）。

17 味村ほか・前掲注（14）254頁〔加藤発言〕。

18 本判決が、注記の根拠規定として、財務諸表等規則58条を挙げていないことからは、—原告の主張が適切になされなかったのであろうが—証券取引法や商法の計算規定が必ずしも十分にふまえられなかったのではないかと懸念されるところである。

19 ただし、情報提供の観点からも、注解注18によるのでは不十分であり得ることについて、たとえば、松本敏史「債務保証損失引当金と債務保証引当金」同志社商学56巻2・3・4号242頁以下（平成16年）、川村義則「非金融負債をめぐる会計問題」金融研究26巻3号27頁（平成19年）など参照。

20 もっとも、知られている限りでは、下級審裁判例は、企業会計原則注解注18を法的債務性のある引当金にも当てはめて、会社が行った引当金の計上を是認している。受講料返還義務について大阪高判平成26・2・27判時2243号82頁（NOVA事件。本書39頁）、利息制限法違反利息返還義務について東京地判平成27・3・12（武富士事件。平成25年（ワ）第2874号）など。

会計処理の適切性をめぐる裁判例を見つめ直す

平成30年７月30日　初版発行

著　者　弥永　真生 ©

発行者　関根　愛子

発行所　**日本公認会計士協会出版局**
〒102-8264　東京都千代田区九段南4-4-1　公認会計士会館
電話　03(3515)1124
FAX　03(3515)1154
URL：https://jicpa.or.jp/

Printed in Japan 2018

製版：(有)一　企　画
印刷製本：大日本印刷(株)

落丁、乱丁本はお取り替えします。
本書に関するお問い合わせは、読者窓口：book@sec.jicpa.or.jp までお願い致します。

ISBN 978-4-904901-82-3 C2034